NORAINNOFLOWER
by Mathilde

Des mots
POUR
FLEURIR

hello

Bienvenue sur *Des mots pour fleurir*.

Dans les prochaines pages, tu trouveras un recueil de textes que j'ai écrit pour t'apporter du réconfort, de la bienveillance, pour t'épauler dans ton combat.

Il est possible que tu trouves certains mots crus. Mais garde bien en tête que j'ai écrit avec la plus grande bienveillance. Mon but n'est pas de te faire mal, mais de contrer ton trouble alimentaire et t'aider à te donner de la force pour te battre.

J'ai créé ce recueil de textes inspirants, car durant ma guérison, l'écriture, les mots... m'ont été d'un soutien incontestable. Je suis tombée malade en 2015. J'ai toujours aimé écrire. Mais en 2017, j'ai commencé à tenir un *bullet journal*. Dans ce dernier, je notais beaucoup de textes inspirants, de réflexions personnelles, de prises de conscience, des citations positives, etc. D'ailleurs, certains des textes de ce livre sont issus de mon propre *bullet journal* de l'époque où je souffrais d'anorexie. Dans mon journal, j'embellissais les pages avec de nombreux petits dessins réalisés à l'aide de stylos de calligraphie spécifiques, dotés d'une fine pointe noire. C'est pourquoi j'ai également choisi d'illustrer ce livre avec des dessins au trait noir fin qui me rappelaient ceux que je faisais moi-même. J'étais très fière de ce que j'avais produit dans mon *bullet journal*. Je le trouvais joli, et ça m'incitait à le relire souvent. C'est ça qui m'a beaucoup aidé : me plonger souvent, au moins toutes les semaines, dans les écrits que j'avais réalisés. Cela me permettait de contrer la maladie, de m'apporter de la bienveillance, de la force.

C'est pourquoi j'ai créé ce livre. J'espère sincèrement que la lecture de ces pages t'apportera le réconfort que j'ai essayé de transmettre en les écrivant.

C'est ton livre, il t'appartient, alors tu l'utilises comme tu le souhaites.

Mais je ne l'ai pas conçu comme un livre classique qui se lit en continu. Dans mon idée, il s'agit plus d'un livre que tu as à proximité, sur ta table de chevet par exemple. Ainsi, tu pourrais le feuilleter et lire quelques textes pour t'apaiser. Tu peux aussi choisir de lire un texte par jour, chaque matin ou chaque soir.

J'ai pris le temps de soigner les illustrations afin d'enjoliver mes écrits. Mais tu peux très bien y ajouter de la couleur ou les personnaliser pour qu'il te corresponde d'autant plus.

Si tu le souhaites, tu peux aussi recopier certains des textes qui t'inspirent le plus dans ton propre journal ou sur des affiches que tu accroches dans ta chambre, ou à proximité de ton bureau... Le but est de créer un environnement favorable à ta guérison.

Si tu veux aller plus loin, tu peux également retrouver le journal pro-guérison que j'ai conçu avec toutes les bonnes habitudes que j'avais mises en place durant ma guérison. Je l'ai appelé le *Self-Care Planner*. Tu retrouveras un QR Code toute à la fin de ce livre, qui te renverra vers la page de présentation de ce journal.

Si tu as envie de partager sur les réseaux sociaux un texte ou un paragraphe de ce livre qui t'a particulièrement marqué, tu peux. Mais il faut que tu mentionnes mon nom @*norain.noflower*. Il s'agit d'une obligation légale pour faire appliquer mes droits d'auteur.

En plus de ça, je serais avertie et je te repartagerai avec plaisir !

Je te souhaite une très belle découverte de ces mots qui t'apporteront un peu plus d'énergie positive pour fleurir.

Mathilde

Keep in touch

Site internet : https://norainnoflower.com

Instagram : @norain.noflower

Facebook : /norainnoflower.tca

Podcast : no rain, no flower

Copyright - Norainnoflower ©

ARRÊTE D'ATTENDRE D'ÊTRE PRÊT·E POUR LA GUÉRISON

Parce que si tu attends le bon moment pour guérir,
il ne viendra jamais.
Le bon moment n'existe pas.
À aucun moment, tu te diras que ça y est, tu es prêt·e à te battre,
que la guérison te semble une étape plus facile à traverser.

C'est vrai, ça fait peur d'aller de l'avant.
Mais tu n'as pas le choix.
Pour guérir, tu dois avancer.
Un pied devant l'autre en dehors de ta zone de confort.

Mais en fait, même si tu ne te sens pas prêt·e,
que le toi après la guérison te fait peur,
ne regarde pas si loin.
Parce qu'avant d'en arriver là, tu vas parcourir un chemin énorme.
Tu vas vraiment beaucoup progresser, tu vas retrouver de l'énergie
qui te permettra de mieux lutter
contre toutes ces pensées parasites.

Si tu penses ne pas être prêt·e à avancer sans
ton trouble alimentaire,
regarde les choses en face :
Es-tu prêt·e à continuer de vivre ainsi,
sous l'emprise de cette maladie ?

Ton trouble alimentaire te rend vide.
Vide d'envie, de désir, de vie sociale,
d'amour... Vide de vie.
Tu ne vis plus, tu survis.

Choisis la vie.
Maintenant.
Non, ce n'est pas facile.
Mais ça en vaut la peine.

Fais-toi confiance.
Tu vas y arriver.

« CONTINUE DE TE BATTRE »
NE VEUT PAS DIRE QUE TU
NE DOIS JAMAIS RESSENTIR
DE DIFFICULTÉ,
DE TRISTESSE, DE PEUR.

TU AS LE DROIT D'Y
ALLER À TON RYTHME,
DE RESSENTIR DES
ÉMOTIONS DIFFICILES.

ÇA NE FAIT PAS DE TOI
QUELQU'UN DE FAIBLE.

Tu n'as pas besoin d'être au fond du gouffre pour demander de l'aide

Tu n'as pas besoin d'atteindre un certain niveau de
souffrance pour demander de l'aide.
Tu n'as pas besoin de vivre des épreuves plus difficiles
que les autres pour demander de l'aide.

Tu ne mérites pas moins d'aide que quiconque.

Quelqu'un qui est tombé à moins 10 mètres
sous l'eau a tout autant besoin d'un gilet de sauvetage
qu'un autre tombé à moins 50 mètres.

Tu n'as pas besoin d'attendre que ton état empire
pour te sentir en droit de demander de l'aide.

Tu es déjà légitime.

Ne reste pas seul·e.

TU N'ES PAS MORALEMENT SUPÉRIEUR·E À QUELQU'UN PARCE QUE TU MANGES MOINS QUE LUI.

AUCUN ALIMENT NE PEUT TE CAUSER AUTANT DE SOUFFRANCE QUE CE QUE TON TROUBLE ALIMENTAIRE EST CAPABLE DE TE FAIRE ENDURER.

UNE MEILLEURE VERSION DE TOI-MÊME NE VEUT PAS DIRE UNE VERSION DE TOI PLUS MINCE.

LA GUÉRISON, C'EST DES MONTAGNES RUSSES.

Certains jours, tu as la sensation que ça y est,
tu es sur la bonne voie, tu vas la vaincre cette maladie.
Et le lendemain, tu as la sensation de revenir au point de départ.

Mais pourtant, tu es toujours sur la bonne voie.
C'est vrai, c'est épuisant...
Mais ces jours sombres font aussi partie du chemin de la guérison.

Tu as peut-être l'impression que ça ne s'arrange pas vraiment,
que ça empire, que tu ne t'en sortiras jamais.
Mais dans les bons comme les mauvais jours, tu avances.

Un pas à la fois.
Petit à petit.
Une prise de conscience à la fois.

Alors continue d'avancer.
Souviens-toi que chaque jour, c'est une nouvelle chance de te battre.
Chaque matin, c'est une nouvelle journée pour laisser
tes peines d'hier derrière toi et te relever.

Si tu as passé une mauvaise journée, tu pourras ressayer demain.

Les aliments n'ont pas de valeurs morales. Il n'existe pas de « bon » ou « mauvais » aliment. Tu ne dois jamais mériter, compenser ou justifier un aliment que tu manges. Peu importe sa valeur nutritionnelle.

NE T'EN VEUX PAS POUR LES ACTIONS, LES PENSÉES ET LES PAROLES DICTÉES PAR TON TROUBLE ALIMENTAIRE

Ne t'en veux pas pour les disputes avec
tes proches dues à ton trouble alimentaire.

Tu n'es pas ton trouble alimentaire.
Tu souffres de ce dernier et tu en es la première victime.

Ne t'en veux pas de savoir ce qu'il faut faire
pour te battre contre la maladie,
mais de ne pas réussir à l'appliquer.

C'est normal.

Vraiment, c'est l'une des maladies les plus difficiles à combattre.
Tu sous-estimes le combat que tu mènes,
les difficultés auxquelles tu fais face.

Alors, si tu avais besoin de l'entendre,
lis cette phrase à voix haute :
Oui, tu es une personne incroyable,
combattante, courageuse !

Apprends à te pardonner.

NE COMPARE PAS
TA VIE À CELLES
DES AUTRES.

ON NE COMPARE
PAS LA LUNE
AVEC LE SOLEIL.

CHACUN D'EUX
BRILLE QUAND
VIENT LEUR TOUR.

Non, je t'assure, n'espère pas ça.

N'espère pas être une autre personne.
N'envie pas un autre type de corps,
une autre silhouette, une autre apparence.

Ne passe pas la plupart de ton temps à te
demander comment tu pourrais être
si tu étais un peu plus comme cet
idéal que tu as envie d'atteindre.

Ne donne pas toute cette énergie à ces actions
pour chercher à changer ton corps.

Parce que cette personne que tu veux changer,
c'est TOI.
Et c'est justement ça ta force : d'être TOI.

Personne n'est toi. Tu es unique.

Et tu es parfait·e tel·le que tu es.

Tu as peur de perdre le contrôle ?

Lorsque l'on a le contrôle,
ça implique que l'on a la maîtrise de soi-même.
Ça signifie que l'on peut décider
d'arrêter à n'importe quel moment.

Donc, si tu contrôlais vraiment...
Tu serais capable de te reposer quand tu es fatigué·e.
Tu serais capable de manger quand tu en as envie,
et de t'arrêter quand tu n'as plus faim.
Et ce, sans être angoissé·e avec mille
doutes et questions dans ta tête.

Calculer toutes tes calories, t'empêcher de manger,
te forcer à faire de l'activité physique, t'assurer de manger
moins que les autres, t'assurer de tout faire pour ne pas
"craquer" sur cet aliment qui te donne envie.

Là, tu penses peut-être contrôler ?
Mais c'est un leurre de la maladie.
Ton trouble alimentaire te ment.

Ton trouble alimentaire te fait croire qu'il agit pour ton bien.
Mais la réalité, c'est tout le contraire.
Tu crois vraiment que c'est du
contrôle d'aller à l'encontre des
besoins de ton corps ?

Alors, sois-honnête avec toi-même :
Est-ce que tu contrôles réellement ?

Est-ce que tu contrôles vraiment les choses quand tu n'as aucun
pouvoir sur le fait d'arrêter la spirale infernale
et vicieuse de ton trouble alimentaire ?

La guérison, c'est accepter que tu n'as pas besoin de contrôler.
La guérison, c'est surtout comprendre que tu n'as jamais
eu le contrôle avec ton trouble alimentaire.
La guérison, c'est accepter de laisser ton corps
avoir le contrôle sur ses besoins.
La guérison, c'est accepter que tu n'as pas
besoin de superviser ton corps sur ses besoins.

Ton corps sait ce dont il a besoin.

Tu as le droit de t'accorder de vivre librement,
sans t'imposer des règles strictes.

Quand tu arrêteras d'essayer de reprendre le contrôle,
tu retrouveras le vrai contrôle sur ta vie.

TA DIRECTION EST PLUS IMPORTANTE
QUE TA VITESSE.

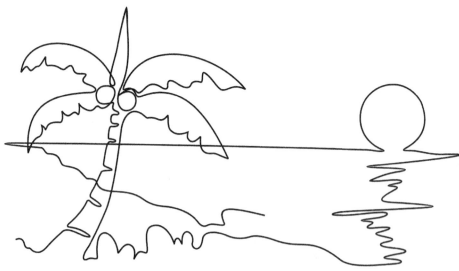

LES CHEMINS
DIFFICILES
MÈNENT
SOUVENT
VERS DE
MAGNIFIQUES
DESTINATIONS.

LES NUITS LES PLUS
sombres OFFRENT
LES *étoiles*
LES PLUS *brillantes*.

TU PEUX VIVRE SANS BALANCE.

PAR CONTRE, TU NE PEUX PAS VIVRE SANS MANGER.

Cette balance, c'est l'outil de ton trouble alimentaire.
Ce n'est pas l'outil de ta guérison.
Et elle est tout, sauf bienveillante.
Elle est même nocive.
C'est une véritable barrière à ta guérison.
C'est un déclencheur à des comportements
de compensation, de restriction.

Alors, balance-là.
C'est difficile de l'abandonner.
Parce que tu as peur de perdre le "contrôle".
Sauf que tu ne contrôles absolument rien.
Si vraiment tu contrôlais,
tu serais libre de pouvoir t'en débarrasser comme tu veux.
Cet argument du contrôle, c'est un leurre de ton trouble alimentaire.
Non, ce n'est pas parce que tu vas arrêter de te peser que d'un coup,
tu vas prendre du poids rapidement.
Ça, c'est la politique de la terreur instaurée par ton trouble alimentaire.

Sépare-toi de cette balance, parce qu'elle ne t'apporte rien.
La balance te donne seulement une donnée numérique
reflétant ta relation avec la gravité sur Terre.
C'est tout.
Ça ne t'indique pas ta valeur, ta personnalité, ton caractère...
Et toutes ces choses qui font que tu es toi.
Tu es bien plus qu'une taille d'un pantalon ou un chiffre sur une balance.

Qu'est-ce que tu veux avec cette balance ?

Voir le chiffre diminuer ?
En admettant que ce chiffre diminue...
As-tu pensé à tout ce
qui diminuera en même temps ?

Le nombre de sourires
que tu auras,
Le nombre de fou-rires
que tu partageras,
Le nombre de bons souvenirs,
Le nombre de musiques sur
lesquelles tu danseras,
Le nombre de personnes
que tu rencontreras,
Le nombre de pays que tu visiteras,
Le nombre de moments où tu auras le sentiment de vraiment vivre.

Voilà ce qui diminuera réellement.

Le chiffre qui descend sur ta balance,
ça donne uniquement du pouvoir à la maladie.

En attendant, toi, tu y perdras le pouvoir sur ta vie.

Alors vraiment, sépare-toi de cette balance.

ET QUAND LA
CHENILLE
PENSAIT QUE
C'ÉTAIT
LA FIN DE SA VIE...

ELLE S'EST
TRANSFORMÉE
EN PAPILLON.

Ça ne t'est jamais arrivé·e de voir
un paysage magnifique,
d'avoir envie de le prendre en photo,
mais d'être terriblement déçu·e
du rendu final de l'image capturée ?

Finalement, c'était bien plus beau en vrai,
à travers tes yeux, qu'en photo.

Souviens-toi de ça quand
tu verras une photo de toi
que tu jugeras « d'horrible ».

Parfois, tu te sentiras prêt·e à avancer.
Tu ressentiras la force de t'aventurer hors de ta zone de confort.

D'autre fois, et parfois, le même jour,
Tu choisiras de passer un peu plus de temps
dans cette zone de confort.
Tu seras terrifié·e à l'idée de faire un pas à l'extérieur.

C'est normal.
La guérison, ce n'est pas une montagne que
tu gravis en une seule fois.

Parfois, tu glisses sur un caillou et tu tombes
quelques mètres plus bas
Tu ne vas pas te relever pour redescendre
la montagne jusqu'en bas.

Tu te relèveras pour analyser le chemin,
voir quelles meilleures prises tu pourrais prendre,
Et tu reprendras ton ascension.

Avance à ton rythme.
La montagne ne disparaitra pas demain.
Accorde-toi le temps qu'il te faut pour la gravir.
L'important ce n'est pas le temps que tu prends,
c'est ta direction vers la ligne d'arrivée.

Rappel :

Ta maladie mentale n'a pas besoin d'être visible physiquement pour être valide et prise au sérieux.

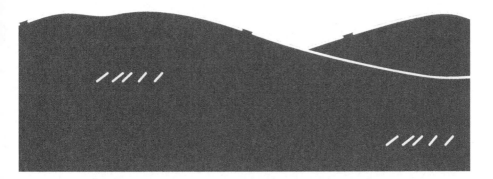

C'EST LE MOMENT D'ARRÊTER DE PROCRASTINER POUR VIVRE.

N'attends pas d'avoir perdu x kilos pour profiter de la vie.
N'attends pas de rentrer dans cette taille de pantalon.
N'attends pas d'avoir un ventre plat, un corps plus sculpté,
des hanches plus fermes...

N'attends pas le moment parfait
pour dire à tes proches que tu les aimes.
Dis-leur maintenant, tant qu'ils sont là.
N'attends pas que tout le monde soit
sur son 31 pour faire de belles photos.
Capture ces instants de bonheur maintenant.
N'attends pas les vacances pour voir ces
personnes que tu n'as jamais le temps de voir.
N'attends pas l'été pour mettre cette tenue que tu aimes tant.
N'attends pas d'atteindre tel objectif pour te
lancer dans ce projet que tu as en tête depuis si longtemps.
N'attends pas le weekend pour t'accorder du répit.
N'attends pas que les autres approuvent
qui tu es pour être vraiment toi.
N'attends pas d'avoir plus de courage pour
dire à cette personne que tu l'aimes.
N'attends pas d'aller encore plus mal avant de demander de l'aide.
N'attends pas d'être prêt·e pour décider de guérir.

N'attends pas, parce que la vie, c'est MAINTENANT.
N'attends pas le moment parfait pour vivre.
Parce que tu n'as qu'une vie.
Vis là à fond, pour de vrai.
N'attends pas la fin de ta vie pour te dire
« ah, c'est dommage, j'aurais dû le faire avant... ».
La vie ne t'attend pas. La vie, c'est maintenant.
Accorde-toi le droit de vivre, d'être heureux·se.
Accorde-toi de savourer chaque instant de cette vie
comme si c'était le dernier. ★⁎

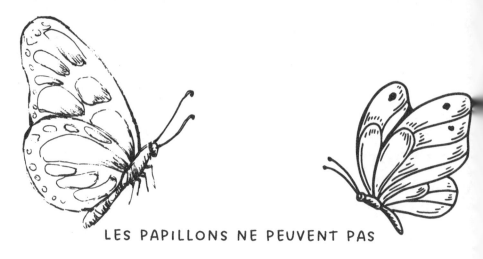

LES PAPILLONS NE PEUVENT PAS
VOIR LEURS AILES.
MAIS LE RESTE DU MONDE LE PEUT.

TOI, TU ES MAGNIFIQUE.

ET SI TOI, TU NE LE VOIS PAS,
LES AUTRES LE VOIENT.

La guérison, c'est des hauts, mais aussi des bas.

En fait, au début, ce sont surtout des bas.
C'est normal, ça fait partie du processus.
Mais même dans les jours sombres, tu avances.

Ne sois pas déçu·e de toi-même.
Même si tu rencontres une difficulté que
tu pensais avoir déjà surpassé.
Même si tu traverses une période plus sombre.

Ça ne veut pas dire que tu es retourné·e en arrière.
Tu n'as pas échoué. Tu n'es pas faible.
Même si tu penses avoir rechuté.
Souviens-toi que c'est en tombant qu'on apprend à marcher.
Une rechute n'est pas négative.
Cela fait partie du chemin de guérison, ce n'est pas linéaire.
Parfois, on a besoin de faire un pas en arrière
pour faire deux pas en avant.

Il y a certains jours plus difficiles que d'autres et c'est normal.
Mais sache une chose : si tu ressens tout ça,
c'est que tu es sur le bon chemin.
C'est certain, ce n'est pas un chemin facile.

Mais ce n'est pas parce que le chemin
est difficile d'accès que la destination
ne sera pas magnifique.

breathe

TON CORPS EST INCROYABLEMENT INTELLIGENT.

Et tu peux lui faire confiance.
Bien plus qu'à ton trouble alimentaire.

Quand tu respires, tu laisses ton corps décider
du nombre de respirations que tu fais.
Tu ne cherches pas à contrôler la quantité d'air
qui entre et sort de tes poumons.
Quand tu es assoiffé·e, tu bois jusqu'à ne plus avoir soif.
Tu ne mesures pas la quantité d'eau que tu prends.
Tu écoutes les sensations de ton corps t'indiquant qu'il n'a plus soif.

Alors fais confiance à ton corps
lorsqu'il te demande de la nourriture.
Quand tu n'as pas mangé depuis longtemps,
que ton corps est restreint depuis plusieurs mois,
plusieurs années, c'est normal
qu'il te réclame de plus grandes quantités.
Ça ne veut pas dire que tu mangeras ainsi jusqu'à la fin de ta vie.

Quand tu reprends ta respiration,
ta respiration finit par se calmer, se stabiliser.
Tu ne respires pas de grandes bouffées d'air pour toujours.
Quand tu n'es plus assoiffé·e, tu bois dès que tu as soif.
Tu n'enchaînes pas de grands verres d'eau dès que tu bois.
Tu prends quelques petites gorgées selon tes besoins.

C'est la même chose avec l'alimentation.
Quand ton corps aura retrouvé assez d'énergie,
que tu répondras à ses besoins,
alors il stabilisera la quantité de nourriture qu'il te demande.

Tu n'as pas besoin d'être affamé·e pour manger.
Tu n'as pas besoin de compenser pour manger.
Tout comme tu n'as pas besoin de suffoquer pour respirer.
Et tout comme tu ne vas pas te priver d'eau
pendant des heures après avoir bu plusieurs verres.

Parce que boire de l'eau, respirer, manger...
Ce sont des besoins primaires dont ton
corps a besoin en continu, inconditionnellement.
C'est vital, tu en as besoin pour vivre.

Se sentir coupable de manger quand tu te nourris,
c'est comme te sentir coupable de respirer
quand tes poumons sont vides et ont besoin d'oxygène.

Ne pas t'autoriser à manger tant que
tu ne ressens pas physiquement la faim,
ce serait comme ne pas t'autoriser à
respirer tant que tu n'es pas en train de suffoquer.

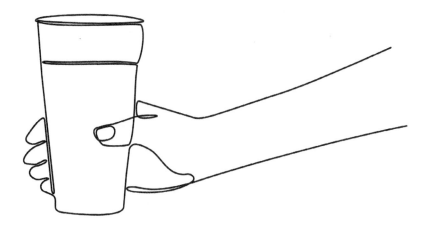

LA NATURE A BEAUCOUP À NOUS APPRENDRE.

Prenons l'exemple de ces jours où le ciel gronde,
où la noirceur du ciel plonge les paysages dans l'obscurité.

Souviens-toi que les tempêtes ne durent jamais pour toujours.
Même après les plus grandes tornades,
le soleil revient toujours briller.

Les tempêtes poussent les arbres à avoir des racines plus profondes
pour les renforcer en prévision des épreuves à venir.

Enfin, toutes les tempêtes ne viennent pas perturber ta vie.
Certaines viennent dégager ton chemin pour te permettre
d'avancer vers de nouveaux horizons.

LE NOMBRE DE PERSONNES
COMPLÈTEMENT GUÉRIES DES
TROUBLES ALIMENTAIRES QUI A
REGRETTÉ DE S'ÊTRE BATTUE
POUR EN SORTIR :

ZÉRO

NON, TU N'AS PAS PERDU LE CONTRÔLE.

Sache une chose que ton trouble alimentaire ne te dira pas :
Au plus tu penses contrôler,
au plus tu perds le contrôle.

En fait, quand tu penses perdre le contrôle,
c'est que ton corps reprend le réel contrôle sur ses besoins.

Tu avais prévu de manger une assiette
qui a été approuvée par ton trouble alimentaire.
Mais finalement, tu as mangé bien plus.
Tu as mangé des choses qui te donnaient envie,
qui t'obsédaient même.
Tu as mangé tout en étant culpabilisé·e
par cette voix dans ta tête qui te répétait d'arrêter.

Et là, tu penses que tu manques de volonté, que tu es nul·le.
Tu penses avoir perdu le contrôle.
Mais... Tu n'as pas perdu le contrôle !

Cette obsession que tu as sur certains aliments n'est pas anodine.
Au plus tu interdis quelque chose à ton corps,
au plus il le voudra.
En fait, ton corps a juste tenté de reprendre
le contrôle sur ses besoins.
Parce qu'il est affamé.

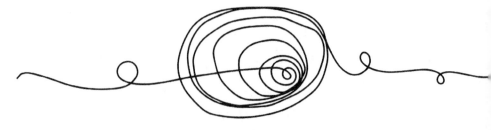

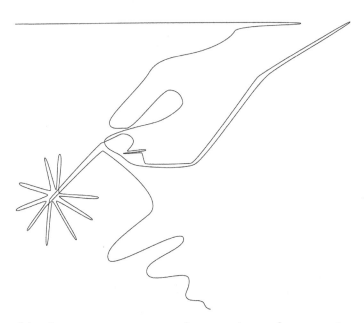

Ton trouble alimentaire te persuade sans doute du contraire.
Mais tu ne peux pas faire confiance à cette maladie qui te ment.

Non, tu n'as pas besoin de te reprendre en main.
Non, tu ne dois pas t'empresser de compenser.
Non, tu ne dois pas te restreindre au prochain repas.

Tout ça, ça ne fera qu'annoncer un prochain scénario
similaire où tu auras cette sensation de perdre
le contrôle face à la nourriture.

Ne culpabilise pas, ne t'en veux pas.
Tu n'as rien fait de mal.
Tu as simplement répondu à ton corps.

Autorise-toi à manger.
Autorise-toi à guérir.
Autorise-toi à vivre.

À la fin, on ne se souviendra
pas du corps le plus mince,
du poids le plus bas.
On se souviendra des plus
beaux cœurs,
des plus belles âmes.

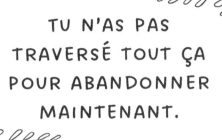

TU N'AS PAS
TRAVERSÉ TOUT ÇA
POUR ABANDONNER
MAINTENANT.

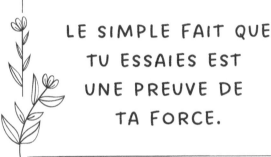

LE SIMPLE FAIT QUE
TU ESSAIES EST
UNE PREUVE DE
TA FORCE.

TE BATTRE
CONTRE UNE
MALADIE
MENTALE NE
FAIT PAS DE
TOI QUELQU'UN
DE FAIBLE.

Ton corps n'a jamais été le problème

Et c'est pour ça que perdre du poids n'a jamais été la solution.
Non, chercher à contrôler ton corps ne résoudra rien.

Changer ton corps pour essayer d'avoir
plus confiance en toi ne marchera pas.

La solution à tes problèmes ne se trouve pas
dans ce que tu mangeras ou ne mangeras pas.
Non, ce n'est pas en faisant tout pour que tes cuisses
ne se touchent pas que tu seras plus heureux·se.
Non, tu n'as pas à détester ton ventre parce qu'il est
gonflé ou qu'il ne ressemble pas à celui
que tu vois sur les réseaux sociaux.

Le dégoût que tu éprouves pour ton corps est
une représentation externe d'un
problème interne.
Le problème, c'est la croyance
que ton corps n'est pas parfait
tel qu'il est.
Te lancer dans un contrôle
sur ton poids pour résoudre
ton mal-être interne est
une lutte vaine.

Peu importe comment tu changeras
ton corps, même si tu peux
ressentir un soulagement
temporaire au début,
tôt ou tard,
ton mal-être refera surface.

Tu dois guérir de l'intérieur.

C'est le combat de ta vie.

Ça ne veut pas dire que tu seras toute ta vie en lutte.

Ça veut surtout dire que tu ne dois pas te mettre de pression.

Tu vas apaiser cette relation à ton corps, petit à petit,

en travaillant sur tes blessures.

C'est un processus lent.

Mais abandonner ne le rendra pas plus rapide.

Tu as les ressources en toi pour y arriver.

Crois en toi.

TON CORPS A CHANGÉ AU FIL DES ANNÉES ?
C'EST NORMAL !

Parce que les années passent, tu traverses des épreuves,

des étapes de la vie...

qui font que OUI, ton corps change.

Ton corps évolue, tout comme ta personne.

Tes valeurs, ta personnalité, tes envies, tes besoins...

Mais, au-delà de ton physique,

tu as aussi acquis plus d'expérience,

plus de connaissance sur la vie.

Tu es en constante évolution, même corporellement.

Et il n'y a aucune culpabilité à ressentir.

Tu n'as rien fait de mal.

Tu ne fais "que" vivre.

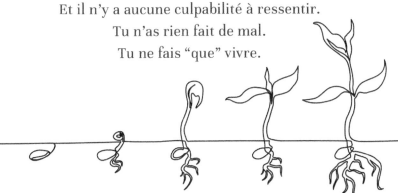

TU PASSES LA PLUPART
DE TA VIE DANS TA
TÊTE.

FAIS-EN UN ENDROIT
AGRÉABLE
à vivre !

CE N'EST PAS PARCE QUE
TON CHEMIN EST DIFFÉRENT
QUE C'EST LE MAUVAIS.

CE N'EST PAS PARCE QUE
TON CHEMIN EST DIFFÉRENT
QUE TU N'ARRIVERAS
PAS À DESTINATION.

IL N'Y A PAS QU'UN SEUL
CHEMIN POUR GUÉRIR.

LA PETITE VOIX TE DIT DE NE PAS MANGER ?

Alors il faut que tu manges.

Elle te semble terriblement puissante cette petite voix.
D'ailleurs, elle n'a rien de « petit ».

Elle te fait croire que tu seras plus puissant·e,
plus fort·e si tu ne manges pas.

Mais c'est un leurre.

Te restreindre ne t'aidera pas à contrôler ta vie,
ni à résoudre tes problèmes.

Au contraire.

Si tu manges,
tu dérangeras la maladie,
tu la délogeras de sa
zone de confort.

En mangeant,
tu apporteras l'énergie
nécessaire à ton corps pour
te battre contre cette petite voix.

Tu as besoin de manger,
même si ton trouble alimentaire
te dit le contraire.

Imagine que demain, tu roules en voiture et tu tombes en panne...

Tu es au milieu d'une route déserte.
Tu appelles un mécanicien et il t'explique qu'il peut
t'aider à réparer ta voiture via l'appel téléphonique.

Mais pour ça, tu vas devoir lui expliquer
le plus précisément possible le problème.
Il va te demander de sortir ta propre caisse à outils.
Il te guidera pour te dire comment utiliser quel outil.
Mais c'est toi qui devras le faire en suivant ses conseils,
du mieux que tu le puisses.

C'est possible que tu ne comprennes pas tout de suite
ses conseils, parce que c'est mécanique.
Mais tu lui redemanderas de te l'expliquer,
peut-être d'une autre façon.

C'est possible aussi que tu penses avoir compris,
que tu essaies, mais ta voiture ne démarre toujours pas.
Tu devras alors rappeler le mécanicien.

C'est aussi possible que tu parviennes à
faire redémarrer ta voiture.
Mais quelques mètres plus tard, elle s'arrête de nouveau.
À cause du même problème ou à cause d'un nouveau.
Il te faudra rappeler le mécanicien,
encore une fois.

C'est vrai, c'est fatigant, ça demande beaucoup d'énergie.
Ce serait plus simple si tu pouvais éviter tout ça.
Mais tu ne peux pas, tu n'as pas le choix.
Et tu as besoin de réparer ta voiture, de redémarrer.
Rester dans le désert seul·e peut te couter ta vie.

Mais à force de persévérer,
non seulement ta voiture roulera de nouveau,
mais en plus de ça, tu sauras
comment la réparer la prochaine fois.
Parce que tu auras mieux compris son mécanisme.
La prochaine fois qu'elle tombera en panne, ce sera déjà
un peu plus facile de la réparer que la première fois.

Beaucoup de personnes pensent que les thérapeutes,
les médicaments sont des formules magiques.
Qu'il n'y a qu'à avaler des pilules,
passer dans le cabinet d'un psy pour aller mieux.

Mais personne d'autre que toi ne viendra te sauver.
Tout comme sur cette route déserte,
personne d'autre que toi ne pouvait réparer cette voiture.

Accepte l'aide des autres.
Prends les mains qu'on te tend.
Demande de l'aide toi-même.
Mais puise aussi dans les ressources
qui se trouvent en toi.

Ne précipite pas quelque chose que tu voudrais avoir éternellement.

Ça vaut aussi pour ta guérison.

Tu apprends à dépasser tes peurs alimentaires,
pas uniquement pour guérir.
Tu ne te bats pas que pour soigner
ton hyperactivité, tes compulsions...
Tu ne te bats pas uniquement pour accepter ton corps
cet été à la plage,
Tu ne fais pas tout ça juste pour ne pas culpabiliser
au restaurant demain soir.

Tu ne te bats pas pour des raisons
à court terme.
Tu ne fais pas tout ça « juste pour guérir ».

Tu le fais pour ta vie.
Tu te bats pour un mieux-être, à vie.

C'est normal que ça prenne du temps.
Fais preuve davantage d'indulgence
avec toi-même.

CE N'EST PAS GRAVE SI TU ALLAIS MIEUX,
MAIS QUE LÀ,
TU NE VAS PLUS TRÈS BIEN.

Ce n'est pas grave
si aujourd'hui n'était pas
une journée
aussi belle qu'hier.

Ce n'est pas grave
si tu n'as
pas fait
grand-chose aujourd'hui.

Ce n'est pas grave si
aujourd'hui ne s'est pas passé
comme tu l'avais imaginé.

Demain est un autre jour,
une nouvelle chance de
faire de ton mieux.

Les jours pluvieux font
partie de la vie.

Sans ça, les fleurs ne pourraient pas fleurir.

Et les arcs-en-ciel ne pourraient pas scintiller dans le ciel.

Accorde-toi le temps de fleurir.

ARRÊTE DE MINIMISER CE QUE TU RESSENS.

Arrête de dire que toi, c'est moins grave.
Tu as complètement le droit de ressentir
ce que tu ressens.

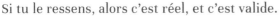

Même si ça n'a aucune logique.
Même si personne ne ressent ça.
Même si les autres ne
comprennent pas ce que tu ressens.

Si tu le ressens, alors c'est réel, et c'est valide.
C'est ça qui compte.
Le point de vue intérieur,
ce que TOI, tu ressens,
pas ce qu'en pensent les autres.
L'avis des autres ne reste que la vie des autres.

Laisse tomber les « tu devrais », « tu ne devrais pas ».
Ne te réfère pas aux « on dit »,
à « la norme ».
Il n'y a pas qu'une seule norme.
Il existe autant de normes que
d'êtres humains sur cette Terre.

Tu n'as pas besoin
d'avoir la validation
des autres pour
approuver ta souffrance.

Ne laisse personne, incluant la partie
sombre en toi, te faire croire que ton
ressenti n'est pas important.

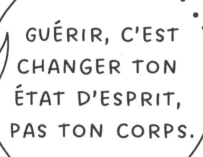

GUÉRIR, C'EST
CHANGER TON
ÉTAT D'ESPRIT,
PAS TON CORPS.

CHAQUE JOUR
EST UNE
NOUVELLE
CHANCE DE
TE BATTRE.

LA GUÉRISON
EST DIFFICILE.
LES REGRETS
LE SONT PLUS
ENCORE.

La guérison est difficile.
Mais tout comme vivre avec
un trouble alimentaire
est difficile.

Sauf qu'à la fin,
seulement une de ces batailles
te ramène à la vie.

Bats-toi pour la bonne lutte.

Il n'y a pas de « supposé être comme ça »
pour ce qui est de l'apparence.

Tu n'es pas supposé·e avoir un corps
comme la société le veut.
Tu n'es pas supposé·e avoir un ventre plat
comme ces personnes de ton feed Instagram.
Tu n'es pas supposé·e faire telle taille, tel poids.
Tu n'es pas supposé·e avoir les cheveux longs ou courts.
Tu sais, certains peuvent même dire
« je suis supposé·e avoir deux bras,
deux jambes, deux yeux... »,
mais ils ne les ont pas.

Ce que tu dois te demander,
c'est si ton corps te permet de ressentir ces émotions ?
Est-ce que tu peux ressentir cette
connexion avec ton cœur ?
Est-ce que tu peux ressentir la joie ?
Est-ce que tu peux ressentir la tristesse ?
Est-ce que ton corps vit à travers
les émotions que tu traverses ?

C'est ça l'important : ce que tu ressens.
Pas ce à quoi tu ressembles.

CHAQUE JOUR À LA FOIS PETIT PAS APRÈS PETIT PAS.

RESTER DANS TA ZONE DE CONFORT,

C'EST COMME RESTER AU LIT.

C'EST DOUILLET, CONFORTABLE.

MAIS RIEN NE SE PASSERA

SI TU N'EN SORS PAS.

DEMANDE-TOI :

Est-ce que tu conseillerais de faire ça à une personne que tu aimes ?

Sois bienveillant·e avec toi-même.

C'est l'une des clés de la guérison.

Parlerais-tu de la même manière à une personne que tu aimes plus que tout ?

Et à un enfant, lui imposerais-tu ce que tu t'imposes ?

Ton corps a besoin d'être nourri, pas puni.

TU PEUX APPRENDRE
À T'AIMER SANS
PERDRE DU POIDS.

TU N'AS PAS CHOISI D'ÊTRE MALADE,

TU N'ES PAS RESPONSABLE

DE TA MALADIE.

MAIS TU DOIS ÊTRE UN ACTEUR

DE TA GUÉRISON,

PAS UN SPECTATEUR.

IL Y AURA DES JOURS OÙ TU VAS PLEURER TOUTE LA JOURNÉE.

Parfois, ton reflet dans le miroir te dégoûtera.
À certains moments, les problèmes que tu vas rencontrer te
sembleront tellement insurmontables que tu te demanderas
si tu ne ferais pas mieux d'abandonner.

Des journées difficiles dans la guérison de
ton trouble alimentaire, tu en auras.

Mais, c'est ce que tu feras ces jours difficiles qui leur donneront
la puissance d'impacter ta vie.

La restriction ne sera JAMAIS la bonne réponse.
La compensation non plus.

Sois bienveillant·e avec toi-même.
Tu te bats contre une maladie extrêmement compliquée.
C'est normal que parfois,
tu n'arrives pas à relever tous les défis.
La guérison, ce n'est pas chercher
à atteindre la perfection.

La guérison, c'est aussi accepter de tomber
en gardant en tête que tu te relèveras.

L'ENDROIT LE PLUS SÛR POUR UN
BATEAU, C'EST LE PORT.
MAIS CE N'EST PAS POUR ÇA
QU'IL A ÉTÉ CONÇU.

TU NE PEUX PAS VIVRE AVEC UN TROUBLE ALIMENTAIRE.

TU NE PEUX QUE SURVIVRE.

TU OSCILLES ENTRE LA VIE ET LA MORT.

MAIS TU NE VIS PAS.

TU EXISTES,

MAIS TU NE VIS PAS PLEINEMENT TA VIE.

TU ES PLUS SPECTATEUR QU'ACTEUR DE TA PROPRE VIE.

DEVIENS ACTEUR DE TA VIE.

ÉCRIS TON HISTOIRE

La vie, ce n'est pas d'avoir un trouble alimentaire.

Ne permets pas à cette maladie de te voler ta vie.

Tu mérites de vivre une vie paisible,
une vie que tu aimes réellement.

Pas une vie dont ton trouble alimentaire
te persuade que tu mérites.

La vie, ce n'est pas compter
tes calories, peser tes féculents,
t'imposer un nombre de pas par jour.

La vie, ce n'est pas
anticiper le moindre repas,
compenser le moindre
plaisir.

La vie, ce n'est pas
s'isoler pour éviter le
regard des autres.

La vie, ce n'est pas trouver
toutes les techniques possibles
pour cacher ce corps
dont tu as honte.

Tout ça, ce n'est pas une vie.
C'est de la survie.

La vraie vie est pleine d'opportunité.
La vie, ce sont des expériences incroyables.

Tu as le droit de vivre la vie que tu veux,
faire ce que tu aimes sans avoir un trouble
alimentaire qui te dicte ce que
tu dois faire, aimer, penser.

Bats-toi pour la vie que tu veux.

Tu peux admirer la beauté d'une personne
sans la comparer à la tienne.

CHAQUE PERSONNE
EST MAGNIFIQUE
TELLE QU'ELLE EST.

TU ES UNIQUE.

ET C'EST ÇA TON SUPER POUVOIR.

Un jour,

Tu n'auras plus envie d'être
la personne la plus malade.

Tu ne ressentiras plus de jalousie en voyant
une personne qui mange moins que toi,
qui a un corps plus mince que toi,
qui est passée par une hospitalisation...

Parce qu'un jour,
tu entendras ces histoires et tu te diras :
« *Tout ça, c'est derrière moi. Et heureusement que j'en suis sortie
et que je revis à nouveau* ».

Je t'assure, un jour, tu te diras ça.
Moi non plus, je n'aurais jamais
pensé pouvoir dire ça.

Un jour,
tu te retourneras et tu contempleras
tout le chemin que tu as parcouru,

Et tu seras tellement fièr·e de toi.

Ce jour existe.
Mais il faut que tu y croies.

Tiens bon pour ce jour-là.

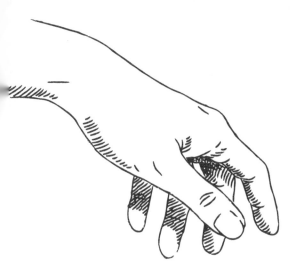

TU AS TOUJOURS BESOIN D'AIDE.

Peu importe si tu as déjà avancé dans ta guérison.

Peu importe si quand tu étais dans un état
où tu allais moins bien, tu n'avais pas d'aide.

Peu importe si d'autres te semblent pires que toi.

Peu importe si tes proches n'ont
pas conscience de la gravité de ta souffrance.

Ne reste pas seul·e.

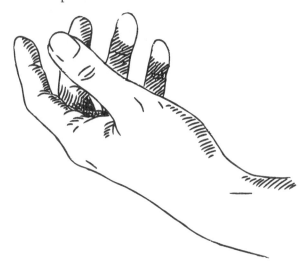

La guérison, c'est comme redonner vie à une plante morte.

Si ta plante est morte, complètement asséchée,
tu ne lui donnerais pas seulement quelques gouttes d'eau.

Tu lui donnerais beaucoup d'eau au début
pour qu'elle puisse recommencer à pousser,
pour la renforcer et l'aider à fleurir de nouveau.

Tout comme au début de ta guérison,
tu ne peux pas juste augmenter qu'un petit peu tes repas
et garder le même rythme de vie.

En agissant comme ça, tu ne peux pas espérer guérir.

Tu as besoin de beaucoup plus
de nourriture, beaucoup plus
de repos.

Donne-toi l'énergie dont ton
corps a besoin.

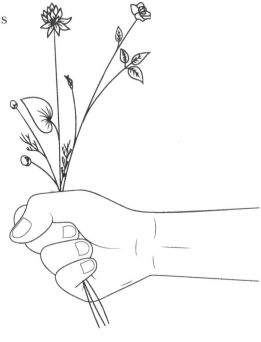

LA GUÉRISON C'EST VRAIMENT UNE SOMME DE PLEIN DE TOUT PETITS PAS.

- ça, c'est le petit pas que tu as fait la dernière fois.

Quand on se concentre sur le dernier, ça paraît peu...

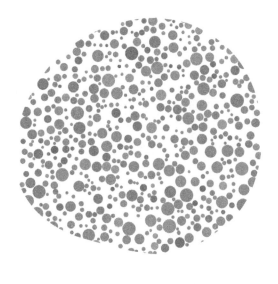

Ça, c'est quand on prend du recul et qu'on voit tous les petits pas que tu as déjà fait.

Tu vois comme tu as déjà fait un sacré combat ?!

NE SACRIFIE PAS TA SANTÉ POUR ATTEINDRE LEUR « CORPS PARFAIT ».

Il n'existe pas un seul type de corps
qui est acceptable, beau.

Chacun est magnifique tel qu'il est.

En fait, le corps parfait existe.
Mais il n'a pas de forme spécifique.
Il n'a pas de poids spécifique.
Il n'a pas de taille spécifique.
Il n'a pas de couleur spécifique.

Le corps parfait,
c'est celui qui te permet de vivre pleinement.
Le corps parfait, c'est celui dans lequel tu peux être TOI.

La perfection du "corps parfait"
selon la société est inatteignable.
Tu te heurtes à un mur
si tu continues de vouloir l'atteindre.

La perfection que tu recherches dans ce corps,
tu l'as déjà.

TU SAIS CE QUI EST PLUS HEALTHY QU'UNE POMME ?

UNE RELATION SAINE AVEC TON ALIMENTATION ET TON CORPS.

RESPECTER LES BESOINS DE TON CORPS, MAIS RÉELLEMENT.

ÇA C'EST SAIN.

TU N'AS PAS BESOIN DE VOIR L'INTÉGRALITÉ DE L'ESCALIER POUR GRIMPER AU PALIER SUPÉRIEUR.

SIMPLEMENT TE CONCENTRER SUR LA PROCHAINE MARCHE EST UN BON DÉBUT.

Parfois, tes victoires sont faites à travers de
si petits pas, que ton avancée est subtile.
Tu n'as même pas conscience que tu avances.
C'est d'ailleurs dans ces moments-là
que tu te sens mal, déprimé·e, triste.
Tu as la sensation de mal faire, que tout va de travers.

Et en fait, ça ne te viendrait même pas à l'esprit
de penser qu'en réalité,
tu es en train d'avancer, de grandir.
En réalité, chaque fois que tu grandis,
que tu avances sur le chemin de ta vie, tu le ressens.

Mais tu interprètes mal ces signaux.
Parce que le sentiment du changement est
tout sauf agréable sur le moment même.
Tu arrives sur de nouveaux lieux qui te sont inconnus.
C'est effrayant.
Tu as plus l'impression d'être à bout de souffle, de
sombrer, de t'affaiblir alors qu'en fait, tu te renforces.

Mais maintenant, tu le sais.
Tu viens de le lire.
Alors la prochaine fois que tu auras la sensation de
t'écrouler, de ne pas réussir à avancer, à te relever,
sache que tu es en train de le faire.
Et c'est justement parce que tu te relèves,
que tu avances, que c'est douloureux.

Souviens-toi du papillon.
Avant de s'envoler vers sa nouvelle vie,
il a traversé une longue période sombre.
Dans sa chrysalide, il a certainement cru que
c'était la fin du monde, qu'il n'en sortirait jamais.

Pourtant, un jour, ses ailes se sont déployées.

QUAND TU SCROLL SUR TON FEED INSTAGRAM, TIKTOK...

Souviens-toi juste que la vraie vie, ce n'est pas ça.

La vraie vie, elle est dans ton cœur,
Dans ton sourire.
La vraie vie, ce sont toutes ces personnes que tu aimes,
Et qui t'aiment en retour.

Les réseaux sociaux te montrent des
instants de bonheur figés.
Mais tu ne sais pas ce qu'il se passe avant, après.
Une image ne peut pas représenter la vie d'une personne.
Une image, ce n'est pas la réalité.

Toi, tu es réel·le.
Et tu es parfait·e tel·le que tu es.
Tu n'as pas besoin de chercher à ressembler à ces photos.
Tu n'as pas besoin de faire plus, d'être mieux.
Accepte-toi tel que tu es.

Show all comments

La vie est parsemée d'incertitudes.

Et ton trouble alimentaire te fait croire
qu'en contrôlant ton corps
et ton alimentation,
tu dissipes toutes ces incertitudes.

Mais ironiquement,
c'est justement en agissant
ainsi qu'on a la certitude
que ton trouble alimentaire
continuera de garder
un contrôle sur toi,

T'empêchant de vivre pleinement...

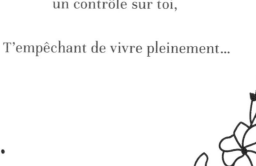

LA GUÉRISON N'EST PAS UN CHEMIN FACILE.

C'est rempli de cailloux,
d'obstacles difficiles à surmonter.

Alors oui, ça prend du temps.
Mais vraiment du temps.

Même si tu te dis « *mais moi, je prends trop de temps* ».
Tu ne prends pas « trop » de temps.

Tu prends du temps et c'est complètement normal.

Accorde-toi le temps qu'il te faut.
Ce n'est pas du temps perdu.
C'est du temps pour t'offrir une vie meilleure.

L'important, ce n'est pas d'aller vite.
C'est d'avoir une guérison consolidée.

Crois en toi.
Tu as toutes les ressources en toi pour
parcourir ce chemin jusqu'à la ligne d'arrivée.

Tu n'es pas tes blessures.
Tu n'es pas ton passé.

Tu n'es pas cette douleur
que tu ressens.

Tu n'es pas tout ça.
Ce n'est pas ce qui te définit.
Ça fait partie de toi,
mais ce n'est pas TOI.

Oui, tu souffres.
Terriblement même.

Tes douleurs sont si vives que tu as
la sensation de traverser un feu.

Oui, tu traverses des flammes en ce moment.
Mais ce feu ne te détruira pas.
Il brûle.
Mais pas pour t'éteindre à petit feu.
Il brûle toutes ces blessures ouvertes
pour les cicatriser.
Et tu ressortiras de ce feu plus fort·e.

Tu dois traverser cette période sombre pour
te libérer de ce qui te brûle de l'intérieur.

Comme la chenille a dû passer par la chrysalide
pour se transformer en papillon,

Un jour, tu t'envoleras de tes propres ailes.

LA GUÉRISON
EST TOUJOURS
LE BON CHOIX.
LA RESTRICTION
NE LE SERA JAMAIS.

Tu es déjà magnifique tel que tu es.

Tu as beau le détester ce corps.
Tu as beau avoir envie de le dissimuler
derrière des vêtements amples.
Tu as beau avoir envie de l'ignorer, de lui faire du mal.

Ton corps, lui, ne t'abandonnera jamais.
Regarde, après tout ce que tu lui as fait,
il est toujours là.
Depuis le premier jour de ta vie, il est là.
Et si toi, tu ne l'aimes pas, ton corps, lui, il t'aime.

Tout ce qu'il fait, c'est t'aimer.

C'est guérir tes blessures, combattre la maladie.
Son cœur bat pour mettre toutes
ces personnes que tu aimes dedans.
Tes poumons continuent de se remplir pour te faire inspirer
l'air dans chaque nouveau lieu où tu vas.
Tes jambes te mènent partout où tu veux aller.
Tes bras continuent d'enlacer
ceux que tu veux réconforter.

Et puis regarde ces yeux qui pétillent.
On voit ton envie de vivre au fond de tes yeux.
Le reflet du soleil sur tes cheveux
les rend incroyablement beaux.
Ces grains de beauté rendent
ta peau d'autant plus vivante.

Il y a de la beauté dans le courage que
tu montres à chaque fois que tu défies tes pensées.
Il y a une force incroyable qui se dégage à chaque fois
que tu sèches tes larmes et
que tu continues d'avancer.

Et ce sourire, ce regard.
Ils ont forcément marqué des personnes.

Mais tu ne le sais pas.
Tu ne l'imagines même pas en fait.
Tu crois si peu en toi pour le moment.

Pourtant, tu es cette personne rayonnante.
Et tu es parfait·e tel·le que tu es.

Si seulement tu pouvais te voir
à travers les yeux avec lesquels
ceux qui t'aiment te regardent.

Tu comprendrais à quel point
tu es incroyable.
Tu es important·e.
Pour beaucoup de personnes.

Tu es important·e pour ce monde.
Tu as ta place.
Tu vas accomplir de
si grandes choses dans ce monde.

Je sais que tu souffres.
Mais tu n'as pas besoin de te
prendre toi-même pour cible.
Rien de bon ne viendra
dans l'utilisation de ton corps
pour exprimer ce que tu as
du mal à dire avec des mots.

C'EST NORMAL DE TE SENTIR ABATTU·E, DÉPASSÉ·E.

C'est normal de faire des erreurs.
Personne ne te demande d'être parfait·e.

Tu n'as pas besoin de tout réussir avant tout le monde,
seul·e, rapidement et sans jamais tomber.

C'est en tombant qu'on apprend à marcher.

Je te souhaite même de tomber.
Oui, ça fait mal.
Mais foncer tout droit dans un mur,
ça fait encore plus mal.
Grimper les étages sans t'assurer
d'avoir des fondations solides...
C'est s'écrouler plus tard, mais de bien plus haut.
Et là aussi, ça fera bien plus mal.

Prends le temps de consolider ta guérison.
Ne te mets pas de pression.
Petit pas par petit pas.

Tu vaincras cette maladie.

RAPPEL

Souviens-toi que
tout le combat que
tu mènes maintenant,
c'est pour t'offrir une
vie plus belle demain.

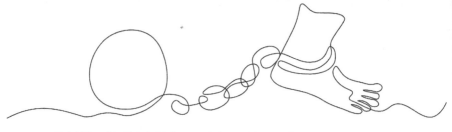

TU VAS MIEUX MAIS... LA MALADIE TE MANQUE ?

Tu as envie de retourner dans les travers
de ton trouble alimentaire ?
Ne le fais pas.

S'il te plaît, ne te mens pas à toi-même.
Non, ne te dis pas que c'était plus simple avant.
Ne te dis pas que tu étais plus heureux·se,
que tu avais plus de volonté.

Ce n'est pas vrai.

Tous ces arguments, c'est un leurre de la maladie.

Si tu y crois, que tu y retournes,
elle va revenir grappiller du terrain sur ta vie.

Si tu repenses avec nostalgie à ses moments
d'euphories du début de la maladie...
Rappelle-toi que ça ne dure qu'un temps.
C'est une phase temporaire qui ne présume rien de bon.

Souviens-toi surtout de la suite.
Ces obsessions sur ton corps, ces idées noires,
cette culpabilité accablante.
Tous ces remords quand tu pensais avoir trop mangé,
tous ces doutes quand tu te demandais
si tu avais assez mangé...

Retourner dans la maladie ne te permettra
pas de te sentir mieux.
Tu te détesteras encore plus, crois-moi.

Tu n'as pas besoin de perdre du poids,
d'aller plus mal pour poursuivre la guérison.

C'est absurde, ce sont des mensonges illogiques
de ton trouble alimentaire.

Tu n'as pas besoin de rechuter pour te motiver à te battre.
Tu n'as pas besoin de toucher le fond,
d'aller encore plus mal pour te sentir légitime.

La suite du chemin de la guérison te fait peur.
Et c'est normal, parce que des obstacles
encore difficiles t'attendent.

Mais revenir en arrière sera bien pire.
Tu n'as pas fait tout ce chemin
pour faire demi-tour maintenant.

Rappelle-toi que difficile ne veut pas dire impossible.

Tiens bon.

Repose-toi si tu en as besoin.
Mais regarde toujours devant,
vers l'horizon, vers ton futur.

C'est là-bas que ta vie t'attend.

Ton futur a besoin de toi, pas ton passé.

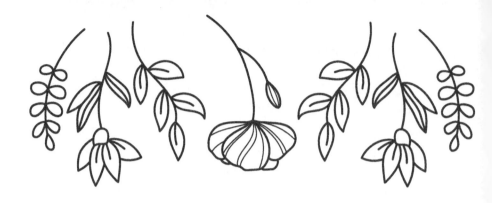

TU DOIS ARRÊTER DE CROIRE QUE TU RESTERAS
DANS CETTE SITUATION TOUTE TA VIE.

Combien de fois tu as eu cette sensation
que tu ne parviendras jamais à surmonter
une épreuve que tu as finalement dépassée.

Ne confonds pas une saison avec une vie entière.
C'est un chapitre de ta vie, pas le bouquin entier.

Même les épreuves ont une date d'expiration.
Même les plus grosses tempêtes se calment un jour.

Tu vas grandir.
Tu vas avancer.

Et tout ça, un jour, ce sera derrière toi.

Ta souffrance n'a pas à être
visible pour être valide.
Ton poids n'est pas un indicateur
de la sévérité de
ton trouble alimentaire.

LES AUTRES NE VOIENT PAS TON CORPS LORSQU'ILS TE REGARDENT.

Non, ils ne mesurent pas l'espace
qu'il y a entre tes cuisses.
Ils ne mesurent pas non plus
la grandeur de ton ventre.
Ils ne cherchent pas non plus à lire l'étiquette
de ton pantalon pour connaître ta taille.

Par contre, ils voient ton joli sourire.
Ils voient ton regard profond.
Ils entendent ton rire,
la façon que tu as de prononcer certains mots.
Ils rient eux-mêmes à tes blagues.
Ils admirent les idées que tu as.

Ce n'est pas ton corps qui te définit.
C'est la personne que tu es,
ce que tu fais, ce que tu dis,
ce que tu as envie, ce que tu penses.

Ton corps n'est pas seulement une apparence,
il te permet d'être bien plus que ça.
Ton corps t'offre des centaines
d'opportunités chaque jour.

Tes yeux peuvent s'émerveiller.
Tes mains peuvent soutenir.
Tes lèvres peuvent embrasser.
Tes bras peuvent réchauffer.
Ton sourire peut égayer.

Ton corps te permet d'explorer,
d'aimer, d'être aimé en retour,
de créer... de VIVRE.

Et quand tu te nourris,
quand tu t'accordes du repos...

Tu donnes à ton corps l'énergie pour qu'il puisse
sourire, penser, chanter, voyager, aimer.

Ne déteste pas ce corps.

Prends soin de lui.

Tu es bien plus fort•e que tu ne le crois.

REPENSE À TOUS CES JOURS DIFFICILES
QUE TU AS TRAVERSÉ,
LORSQUE TU AVAIS LA SENSATION
QUE TU N'EN SORTIRAIS JAMAIS.

TU LES AS AFFRONTÉS.
TU LES AS VAINCUS.

TU EN ES SORTIE PLUS FORT•E.

TU AS LA FORCE
ET TOUTES LES RESSOURCES EN TOI
POUR MENER CE NOUVEAU COMBAT.

CROIS EN TOI.

ÇA,
ILS NE TE LE
DISENT PAS !

QUAND ILS TE PROMETTENT UN VENTRE PLUS PLAT,
UNE PERTE DE POIDS RÉVOLUTIONNAIRE,
UN CORPS PLUS MINCE...

ILS NE TE DISENT PAS QUE C'EST AU DÉTRIMENT DE TON BONHEUR.
ILS NE PRÉCISENT PAS QU'AU-DELÀ DE TE FAIRE PERDRE DU POIDS,
TU Y LAISSERAS AUSSI TA CAPACITÉ À RIRE.
TU PERDRAS UN PEU PLUS DE PASSION CHAQUE JOUR.
LES ÉTINCELLES DANS TES YEUX NE
SCINTILLERONT PLUS COMME AVANT.
ILS NE MENTIONNENT JAMAIS
QUE ÇA TE POUSSERA À L'ISOLEMENT.
ILS NE PARLENT PAS DE CE
SENTIMENT DE SOLITUDE SI PESANT.

AVANT DE PRIVER TON CORPS DE NOURRITURE,
PENSE À TOUTES LES PRIVATIONS
QUE TU VAS LUI IMPOSER.
UN RÉGIME NE TE PRIVE PAS
SEULEMENT DE NOURRITURE.
IL TE PRIVE DE VIVRE TA PROPRE VIE.

Tu n'es pas arrivé·e
sur cette Terre
par hasard.

Si tu es venu·e
au monde,
c'est que ce monde
a besoin de toi.

Je sais que
tu n'y crois pas.

Je sais que tu penses
même l'inverse,
que personne n'a besoin de toi.

Mais c'est faux ! Tu es ici pour une raison.

Peut-être que tu as l'impression que l'univers s'acharne sur toi.
Tu te retrouves peut-être confronté à des difficultés
auxquelles tu n'aurais même pas imaginé.

Mais tu as les capacités de surmonter tout ça.
Et il faut que tu y croies.
Il faut que tu aies confiance en toi, en tes capacités.
Il faut que tu croies en ta place dans ce monde.
Crois-y profondément.

Surtout quand tu as envie de tout abandonner.
Surtout quand tu penses que tout est perdu pour toi.

C'est dans ces moments-là que tu dois être bienveillant·e avec toi.
C'est dans ces moments-là que tu dois te replonger
dans les plus beaux souvenirs de ta vie.

Rappelle-toi de ces projets que tu as envie de faire.

Pense à ces personnes que tu n'as pas encore rencontrées.
Rêve de ces lieux que tu n'as pas encore visités.
Plonge-toi dans ces scénarios idylliques que tu voudrais vivre.

Accroche-toi à tout ça.
Bats-toi pour tout ça.
Parce qu'un jour,
ce ne seront plus des rêves, des scénarios imaginaires...
Ce sera devant toi.

Tu les ressentiras pour de vrai.
Et ce jour-là, tu seras fièr·e de toi.
Fièr·e de ne pas avoir lâché.
Fièr·e d'avoir continué de te battre
même quand tu avais envie d'abandonner.

Ce jour-là, tu te seras plus vivant·e que jamais.

LE SIMPLE FAIT
QUE QUELQU'UN SEMBLE
PLUS MALADE QUE TOI
NE SIGNIFIE PAS QUE
TA MALADIE N'EST PAS
GRAVE OU QUE TA
SOUFFRANCE
N'EST PAS LÉGITIME.

LES MOMENTS OÙ LA GUÉRISON TE SEMBLE LA PLUS ÉPROUVANTE ET DOULOUREUSE SONT LES MOMENTS OÙ TU FAIS LE PLUS DE PROGRÈS.

Même si tu as l'impression que
c'est tout le contraire.

Parce que ça prouve
que tu vas activement
à l'encontre des
démons de la maladie.

Souviens-toi que
les choses ont
tendance à crier
lorsqu'elles meurent.

Ce n'est pas
un mauvais signe.

C'est même bon signe.

N'abandonne pas.

TON POIDS NE DIT RIEN
DE TON TROUBLE ALIMENTAIRE.

TON POIDS N'A AUCUNE CORRÉLATION
AVEC LE NOMBRE DE PERSONNES
QUE TU PEUX FAIRE SOURIRE.

TON POIDS NE TE PERMET PAS
D'AVOIR DES CONNEXIONS PLUS
PROFONDES AVEC LES AUTRES.

TON POIDS NE MONTRE PAS
À QUEL POINT TU ES
RÉELLEMENT MAGNIFIQUE.

PARCE QUE TON POIDS,
CE N'EST QU'UN CHIFFRE.

TA BEAUTÉ, TA VALEUR ET TA PERSONNE
NE PEUVENT ÊTRE QUANTIFIÉES
PAR DES CHIFFRES.

ALORS NE LAISSE PAS UN CHIFFRE
DICTER TON HUMEUR,
TA JOURNÉE,
ET ENCORE MOINS TA VIE.

Même si tu as l'impression que cette maladie est plus forte que toi,

JE TE PROMETS QUE TU VAS Y ARRIVER.

La nourriture ne sera plus ta première pensée en te réveillant.

Elle ne sera plus non plus ta dernière pensée en te couchant.

Tu ne te réveilleras plus en sursaut par l'angoisse d'un repas.

Tu n'auras plus à ressentir de culpabilité, de regrets après avoir mangé.

Tu n'auras plus à éviter les soirées entre amis,

les repas de famille, par peur de perdre le contrôle.

Tu n'auras plus à craindre que tes enfants

tombent dans la même maladie que toi.

Tu pourras réussir tout ça.

Mais tu dois te donner les moyens de l'atteindre.

Place-toi en priorité dans ta vie.

Place ta santé mentale au centre de ta vie.

Si tu t'étais cassé une jambe,

marcherais-tu dessus sans prendre le temps de la soigner ?

Ta santé mentale est tout aussi importante que ta santé physique.

Tu dois affronter tes peurs.

Il n'y a que comme ça que tu comprendras que tes peurs,

ce ne sont que des peurs. Ce n'est pas la réalité.

Et surtout, tu dois croire en toi.

Je comprends ce que tu traverses.

Et regarde-moi où j'en suis.

Tu peux me rejoindre au sommet de cette colline.

La colline de la vie.

Je t'attends.

Et je crois en toi.

AVOIR UN TROUBLE ALIMENTAIRE,

C'EST COMME AVOIR VÉCU TOUTE SA VIE DANS UNE SEULE PIÈCE AVEC UNE PETITE FENÊTRE VERS L'EXTÉRIEUR.

La petite pièce,
tu la connais bien.
Elle est confortable, douillette.
Tu penses être en sécurité
à l'intérieur.

Mais la réalité,
c'est que tu es isolé·e, seul·e, enfermé·e.
Tu es bloqué·e dans des conditions de vie misérables.
Et à force de rester dans cette petite pièce,
tu vas en devenir fou.

Mais tu n'en as même pas conscience.
Tu n'as qu'un petit aperçu du monde extérieur.
Tu as plein de préjugés sur ce monde externe.
Pleins de peurs, plein d'appréhension.

Et c'est normal, parce que c'est inconnu.

Pourtant, dehors, derrière cette fenêtre...
Une infinité d'opportunités extraordinaires à vivre s'offre à toi.

Dehors, ça te semble plus risqué.
Mais, c'est dehors que la magie peut opérer.
C'est dehors que tu peux vivre des expériences incroyables.

Oui, ça n'est pas toujours facile dehors.
Mais c'est derrière cette fenêtre que se trouve la vie. La vraie.

En restant dans cette pièce, tu te fermes à la vie.

CHOISIS DE TE BATTRE POUR CEUX QUE TU AIMES.

Choisis de te battre pour ceux
qui t'aiment.

Choisis de te battre pour danser,
chanter, rire.

Choisis de te battre pour ton corps,
ta peau, tes cheveux, tes dents.

Choisis de te battre pour les glaces
au bord de la plage, les cocktails entre amis,
ton gâteau d'anniversaire.

Choisis de te battre pour les balades en vélos,
pour les nuits étoilées,
pour les paysages à couper le souffle.

Choisis de te battre pour les échanges de
sourires, de regards complices,
pour les câlins.

Choisis de te battre pour ta santé,
ton énergie, ton bonheur.

Choisis de te battre pour VIVRE cette vie.

TU N'AS PAS BESOIN DE TE COMPARER.

Avec qui que ce soit.
Ça ne t'apportera rien.

Tu es toi.
Tu fais déjà tout
pour être toi.

Accorde-toi du mérite
pour la personne que tu es.

Personne ne fait les
choses comme toi.
Personne ne te ressemble.
Personne ne met autant de cœur
aux choses que tu aimes faire.
Personne n'aime aussi bien que toi
les personnes que tu aimes.

Parce que c'est TA façon.
C'est toi.
Il n'y a personne d'autre comme toi.
Tu es unique.
Concentre-toi sur toi.

LA GUÉRISON,
CE N'EST PAS SEULEMENT
MANGER PLUS.

C'EST AUSSI
ET SURTOUT
TRAVAILLER
SUR LA CROYANCE
QUE TU MÉRITES
DE MANGER PLUS.

LA GUÉRISON N'EST PAS LINÉAIRE

VRAIMENT PAS.

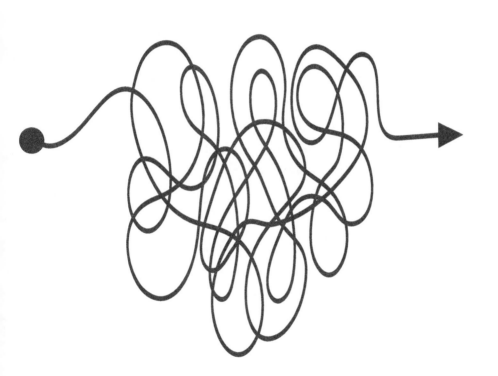

ÊTRE FORT·E,
CE N'EST PAS REFUSER UN GÂTEAU AU CHOCOLAT
QUAND TOUT LE MONDE EN MANGE.

Être fort·e, ce n'est pas retenir ses larmes.
Être fort·e, ce n'est pas se battre seul·e
contre son trouble alimentaire,
sans demander d'aide.
Être fort·e, ce n'est pas ne jamais rater
une séance de sport,
peu importe le coût.

Être fort·e, c'est manger
quand ton trouble alimentaire te persuade
que tu n'en as pas le droit.
Être fort·e, c'est donner du repos à son corps
quand ton trouble alimentaire
te dire de faire du sport.
Être fort·e, c'est être bienveillant·e
et avoir de la compassion pour soi
après une compulsion alimentaire.

Être fort·e, c'est demander de l'aide,
même si ton trouble alimentaire
te persuade que tu n'es pas légitime.

TU NE TROUVERAS JAMAIS LA RECETTE MAGIQUE POUR SORTIR D'UN TROUBLE ALIMENTAIRE.

Même moi, je ne peux pas te dire comment guérir.

Parce que ça dépend de toi
et toi seul·e sait ce qui est bon dans le fond pour toi.

Tu sais ce qui t'aide TOI (et pas ton trouble alimentaire).

Ne te mets pas de pression à te comparer
à la guérison d'autres personnes.
Si tu vois des conseils sur Instagram ou Internet,
souvent ils sont donnés avec beaucoup de bienveillance.
Et dans le but de t'aider.
Pas dans le but de te dire :
"Il faut que tu agisses de CETTE façon sinon tu ne guériras pas".

Ça, c'est ton côté perfectionniste
qui veut une ligne de conduite précise à respecter.

Mais ça n'existe pas.

Tu as toutes les ressources en toi pour
trouver les bonnes réponses.

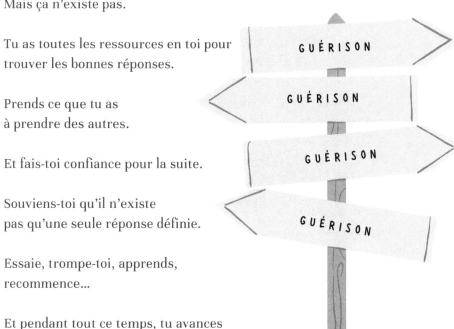

Prends ce que tu as
à prendre des autres.

Et fais-toi confiance pour la suite.

Souviens-toi qu'il n'existe
pas qu'une seule réponse définie.

Essaie, trompe-toi, apprends,
recommence...

Et pendant tout ce temps, tu avances
dans le chemin de ta vie.

Guérir est parfois plus douloureux que la maladie en elle-même.

Du moins, au début.
Au début, tu as la sensation que tout s'effondre.
Que c'est pire qu'avant.

Mais c'est justement pour tout reconstruire.
C'est pour repartir sur les bonnes fondations.

Alors n'abandonne pas.
Tu es en train de grandir, d'évoluer, d'avancer.
C'est pour ça que c'est douloureux.
Tu sors de ta zone de confort.
Et tu es maintenant arrivé·e à une étape
que tu ne connais pas.
C'est déroutant.

Mais ce n'est pas parce que ça te fait peur
que c'est le mauvais endroit.
Tu es sur le bon chemin.

Parfois, avant d'arriver sur une île paradisiaque,
il faut passer par un chemin qui n'inspire pas confiance,
parsemé d'embûches, de rochers,
de pièges dans lesquels on tombe.
Mais on se relève, on garde en tête la destination idyllique,
Et on y arrive enfin.

Alors n'abandonne pas.
Tu mérites d'arriver dans cette vie plus paisible.
Souviens-toi que lorsque tu choisis la guérison,
tu te choisis toi.

Tu choisis de t'offrir une vie plus belle.

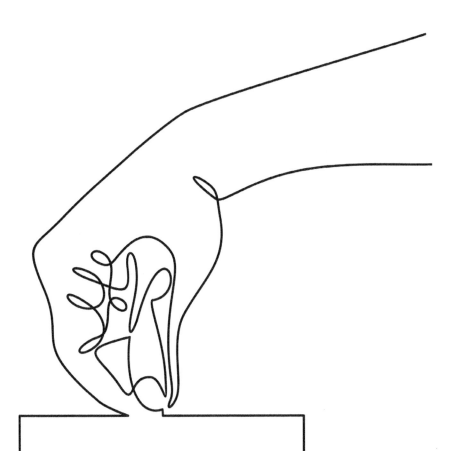

100 CALORIES DE PLUS NE
CHANGERONT PAS TA VIE.

MAIS LA DÉCISION DE LES ÉVITER,
LA DÉCISION DE NE PAS RIPOSTER,
LA DÉCISION DE COMPTER
LES NOMBRES SANS
SIGNIFICATION COMME S'ILS
MESURAIENT TA VALEUR...

ÇA, ÇA PEUT CHANGER TA VIE
POUR TOUJOURS.

JE SUIS CERTAINE QU'À TES 85 ANS,
TU PRÉFÉRERAS TE SOUVENIR
DE TOUS CES INSTANTS DE BONHEUR,
TOUTES CES CONNEXIONS HUMAINES QUE TU AS EUES,
TOUS CES MOMENTS D'AMOUR.

Tu te souviendras de ces gâteaux d'anniversaire,
de ces soirées avec tes proches, de ces sorties à la pizzeria,
de ces cocktails sirotés entre deux éclats de rire.

Une vie pleine de moments inoubliables.
Tu te souviendras de ça !

Pas du nombre de calories dans ton assiette,
du taux de matière grasse dans ton yaourt,
de la taille de ton jeans.

Pas du nombre de kilomètres à parcourir pour brûler des calories.
Pas du poids que tu fais aujourd'hui.

J'espère vraiment que tu te souviendras de tous ces moments
où tu as souri, ri, aimé, ressenti la liberté.

Parce que la vraie vie, c'est ça.

Focalise ton attention sur la création de souvenirs inoubliables.

Pas sur ton poids, ta taille, tes calories.

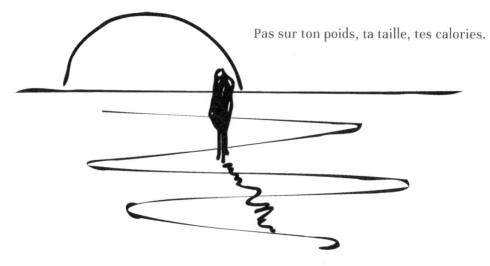

LA CULPABILITÉ EST UN SENTIMENT APPROPRIÉ POUR UNE FAUTE IMMORALE.

Mais ce n'est pas un sentiment approprié après avoir mangé.

Tu ne fais absolument rien de mal à manger.

Ne laisse pas ton trouble alimentaire te faire croire
que tu ne mérites pas de manger,
que tu as fait quelque chose de mal.

Manger est un besoin vital auquel n'importe
quel être vivant répond.
Répondre à tes besoins, même à tes envies de plaisir,
c'est tout à fait normal.

C'est même indispensable pour ta santé physique et mentale.

Si tu as le sentiment de mal faire, c'est que tu fais bien :
Tu vas à l'encontre des règles de la maladie.

La nourriture n'est pas quelque chose
que tu dois mériter.
Tu as besoin de te nourrir,
peu importe l'argument que ton
trouble alimentaire trouve
pour te prouver le contraire.

TU N'ES PAS NÉ·E SUR CETTE TERRE POUR ÊTRE LA PERSONNE LA PLUS MALADE.

Le but de la vie, ce n'est pas d'avoir le poids le plus faible.
Ce n'est pas de manger le moins possible,
de se fatiguer le plus possible au sport.

Ce n'est pas une compétition.
La personne qui gagne cette compétition, elle meurt.

Te comparer aux autres n'a aucune utilité.

Il y aura toujours quelqu'un qui mangera moins que toi.
Il y aura toujours quelqu'un qui aura perdu plus de poids.
Il y aura toujours quelqu'un qui présentera
des symptômes plus graves que toi.

Mais ça ne prouve absolument rien.
Ça ne veut pas dire que ton trouble alimentaire
est moins grave.

La comparaison ne te mène à rien.

Se comparer n'a jamais aidé personne à guérir.

Par contre, la comparaison renforce la maladie.

Le but de la vie, ce n'est pas de donner
du pouvoir à la maladie.
Le but, c'est justement de te raccrocher à la vie.
Elle vaut le coup de se battre.

Aucune comparaison n'est valable :
Chaque guérison est unique.

Il n'y a pas de bonne ou mauvaise façon de guérir.
Chacun va à son rythme
et vit différentes étapes du processus de guérison
à d'autres moments que toi.

Compare-toi à toi-même.
Concentre ton énergie sur toi,
pour devenir une meilleure version de toi-même.

Une meilleure version, ce n'est pas
manger « healthy », « faire plus de sport », etc.

C'est devenir la personne que
tu aimerais rencontrer dans ta vie.
C'est devenir la personne que
tu aurais eu besoin quand tu étais enfant.
C'est devenir la personne dont
tu pourrais tomber amoureux·se.

C'est devenir la personne qui t'inspire.

PERDRE DU POIDS NE TE RENDRA JAMAIS HEUREUX·SE.

Et ça ne comblera jamais aucun vide
que tu peux ressentir dans ta vie.

Tu n'atteins pas le bonheur avec la restriction.
Tu n'atteins pas la beauté
en diminuant tes calories.
Le jeûne, les diurétiques ne t'apporteront
rien d'autre que de la souffrance,
de l'isolement, de la tristesse.

Ce qui commence en apparence comme un
rééquilibrage alimentaire, un régime,
un nouveau programme d'entraînement intensif...
peut vite se transformer en maladie dangereuse.

Ton objectif premier était peut-être d'atteindre un
ventre plat, d'augmenter l'écart entre tes cuisses.
Mais ce que tu obtiendras en finalité sera un
regard vide, des grelottements de froid,
de la fatigue dans tes os, tes organes...

TU ES SUFFISAMMENT MALADE POUR TE SENTIR LÉGITIME À DEMANDER DE L'AIDE.

Tu n'as pas besoin de perdre plus de poids
pour recevoir un suivi thérapeutique,
pour rendre valable ton trouble alimentaire.

Tu n'as pas besoin de prouver à
qui que ce soit que ta maladie est réelle,
que ta souffrance est immense.

Peu importe ce que la maladie te fait croire,
tu ne mérites pas de souffrir.

N'oublie jamais que tu as le droit à la guérison,
à la vie, à la paix intérieure.

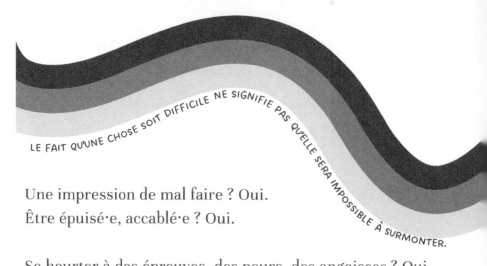

LE FAIT QU'UNE CHOSE SOIT DIFFICILE NE SIGNIFIE PAS QU'ELLE SERA IMPOSSIBLE À SURMONTER.

Une impression de mal faire ? Oui.
Être épuisé·e, accablé·e ? Oui.

Se heurter à des épreuves, des peurs, des angoisses ? Oui.
Tomber ? Mais toujours se relever.
Tu te relèveras parce que ce n'est pas impossible.
Et parce que tu en es capable.

Mais il faut que tu croies en toi, en ta force,
en ta capacité à relever ce défi.

C'est désagréable quand on sort de sa zone de confort.
Oui, tu pourrais faire le choix de ne pas ressentir tout ça.

Mais tu ferais alors le choix de laisser ton trouble
alimentaire prendre le dessus sur ta vie.

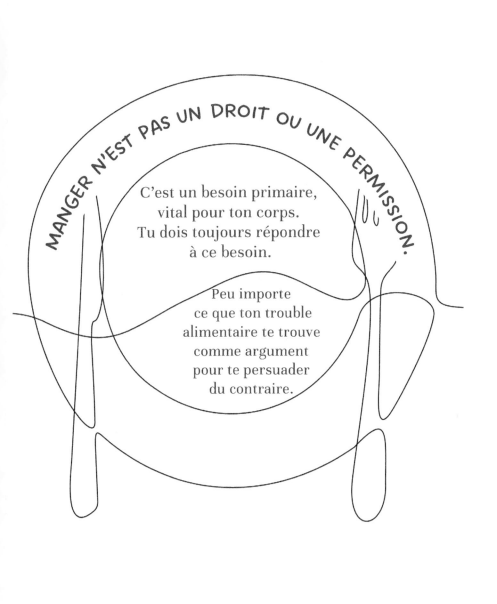

MANGER N'EST PAS UN DROIT OU UNE PERMISSION.

C'est un besoin primaire,
vital pour ton corps.
Tu dois toujours répondre
à ce besoin.

Peu importe
ce que ton trouble
alimentaire te trouve
comme argument
pour te persuader
du contraire.

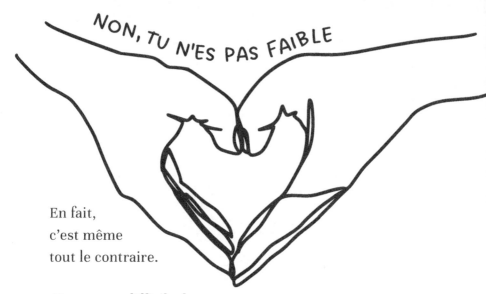

NON, TU N'ES PAS FAIBLE

En fait,
c'est même
tout le contraire.

C'est super difficile de
se battre contre
un trouble alimentaire.

Alors ne pense pas que tu es faible.
N'écoute pas ce petit démon intérieur.

Il n'y a rien de plus admiratif
qu'une personne qui se lève chaque matin
et qui se bat chaque seconde, quotidiennement,
de jour comme de nuit,
pour choisir la vie plutôt que la maladie.

Et tout ça, dans un monde où l'on ne te
facilite clairement pas les choses !

La culture du régime et son discours culpabilisant...
Tu te bats contre un trouble alimentaire
dans une société qui félicite la perte de poids.
Tu te bats contre un trouble alimentaire
dans une société qui encourage les régimes.

Tu te bats contre un trouble alimentaire
dans un pays où la santé mentale n'est
pas encore bien prise en charge.
Tu te bats contre un trouble alimentaire
dans une société où la culture du
régime est omniprésente.

Tu te bats quotidiennement.

Chaque seconde, chaque minute,
chaque heure, jour et nuit.

Pour toutes ces raisons,
tu peux être super fièr·e de toi !

Et ce n'est pas grave si tu ne parviens
pas à relever les défis chaque jour.

Cela fait partie du chemin de la guérison.
Ce n'est pas linéaire,
c'est des hauts et des bas,
des jours avec et des jours sans.

Prends conscience de ta force.

Tu es incroyable.

N'en doute jamais.

Accorde-toi des pauses.

Ralentis la cadence.

Prends du temps pour toi.

C'est même indispensable.

Tu ne peux pas toujours être à 100%.

Tu as le droit de ne rien faire
ou de ne pas faire les choses
dans les règles, parfaitement.

Accorde-toi d'être humain·e.
Accorde-toi d'être vulnérable.

Ne cherche pas
à atteindre
cette perfection.
Elle n'existe pas.

Oui, tu as des défauts.
Oui, tu as des failles.
Oui, tu as des faiblesses.

Mais tu as surtout des qualités,
des compétences,
des savoir-faire et savoir-être.

Et le tout fait que tu es unique.

C'est ça qui est réellement beau
et attirant chez toi.

Même tes petits défauts sont attirants.

Parce que c'est toi.

L'HEURE D'UNE PAUSE

C'est vrai, tu n'as pas
choisi d'être malade.
Tu n'es pas responsable
de ta maladie,
ça, c'est certain.

Mais tu dois être acteur
de ta guérison.
Tu dois choisir la vie
plutôt que le trouble alimentaire.

Parce que vivre avec un trouble
alimentaire, ce n'est pas vivre,
c'est survivre.

Souviens-toi de tout ce que ton
trouble alimentaire
t'empêche de faire.

Choisis la guérison.
Choisis de vivre.

Tu as repris du poids ?
Tu as un poids d'apparence « normale*»
Tu n'as pas l'IMC pour te diagnostiquer
un trouble alimentaire ?

Mais tout ça, ça ne compte pas.
Tout ça, ce sont des critères physiques.
Un trouble alimentaire,
c'est une maladie MENTALE.

La culpabilité, les ruminations,
les idées noires...
Tout ça, c'est invisible.

Pourtant, ça a
tellement de
conséquences
destructrices sur ta
santé.
Ce sont ces ressentis invisibles
qui comptent réellement.
Ton trouble alimentaire ne doit
pas être visible pour être réel.

Ta souffrance est réelle.

*(PS : il n'y a pas de normalité)

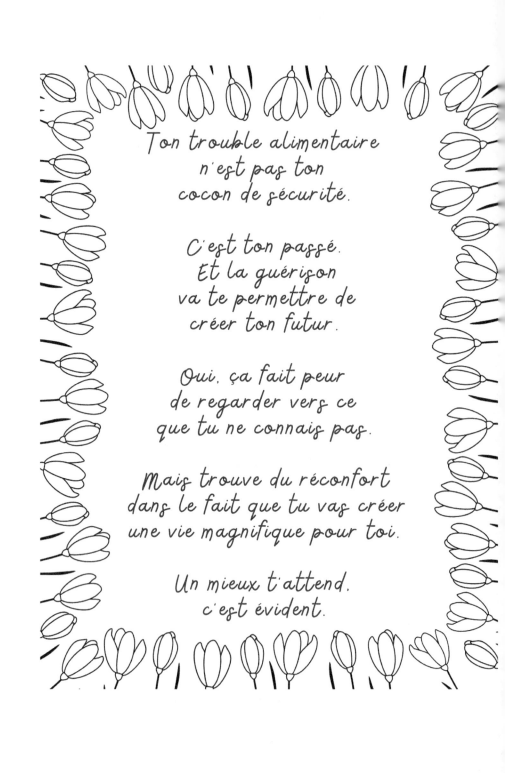

Ton trouble alimentaire
n'est pas ton
cocon de sécurité.

C'est ton passé.
Et la guérison
va te permettre de
créer ton futur.

Oui, ça fait peur
de regarder vers ce
que tu ne connais pas.

Mais trouve du réconfort
dans le fait que tu vas créer
une vie magnifique pour toi.

Un mieux t'attend,
c'est évident.

Que choisis-tu ?

La vie, ou ton trouble alimentaire ?

L'école, ton lieu de travail...
Ou les hôpitaux et les salles d'attente des médecins ?

Une vie sociale, les amis... ou l'isolement ?

Te sentir libre dans ton alimentation...
Ou être stressé·e à chaque repas ?

Voyager, découvrir le monde...
Ou rester bloqué·e chez toi ?

Créer des liens profonds avec ton entourage...
Ou les éviter ?

La santé... Ou des problèmes de santé ?

Avoir une certaine sérénité d'esprit...
Ou être constamment obsédé·e
par les mêmes problèmes ?

Tester de nouvelles expériences enrichissantes...
Ou être bloqué·e dans les mêmes
habitudes de ta zone de confort ?

Avoir une température corporelle
qui te tient chaud... Ou avoir constamment
froid même avec des couches
de vêtements supplémentaires ?

Des aliments plaisirs... Ou des aliments que
tu manges parce qu'ils te rassurent ?

Si tu tiens réellement à mesurer ta valeur par des chiffres...

Tu devrais te concentrer sur des chiffres qui en valent la peine.

Un chiffre sur une balance, ça ne dit rien de ta vie.
Des notes posées sur un bulletin, non plus.
Le nombre de calories dans ton assiette, non plus.

Par contre, tu peux compter le nombre de fois
où tu as eu un fou rire.
Tu peux compter le nombre de sourires
que tu as offert aux autres.
Tu peux compter le nombre de personnes
qui ont eu la chance de te croiser sur leur chemin.
Tu peux compter le nombre de fois
où tu as chanté et dansé sur ces chansons que tu adores.
Tu peux compter le nombre de lieux
qui ont eu le privilège d'avoir ta présence.
Tu peux compter le nombre de regards
échangés qui t'ont réconforté.

Tu comprends ?

Si tu veux mesurer ta valeur avec des chiffres, choisis-les bien.

Ça dépend de toi maintenant.

CE N'EST PAS PARCE QUE
DEUX ALIMENTS
NE SONT PAS ÉQUIVALENTS
NUTRITIONNELLEMENT
QU'ILS NE SONT PAS
MORALEMENT ÉQUIVALENTS.

Tu as trois maisons :

LA TERRE

TON CORPS

TON CHEZ-TOI

PRENDS SOIN D'EUX

RETROUVER UN CORPS AVEC PLUS DE POIDS
APRÈS AVOIR ÉTÉ EN SOUS-POIDS,
C'EST UN PEU COMME EMMÉNAGER
DANS UNE NOUVELLE MAISON.

Au début, tout est nouveau.
Tu n'as plus les repères de ton ancienne maison.
Tu découvres les nouveaux recoins de ton nouveau chez-toi.
Parfois, tu peux envier la vie que tu avais avant,
dans ton ancienne maison.
Tu peux être nostalgique des beaux moments passés là-bas.
Mais au fond de toi, tu sais que cette nouvelle maison
marque un nouveau départ.
Tu sais que cette nouvelle maison est mieux pour toi,
pour ta vie actuelle.
Sinon, tu n'aurais pas déménagé.

Prends tes marques avec ce nouveau corps
comme tu le ferais avec ta nouvelle maison.

Prends soin de lui.
Achète de nouveaux vêtements qui te ressemblent,
où tu te sentiras bien.

Prends le temps de le découvrir,
d'apprendre à mieux le connaître.
Parce que c'est ton
nouveau chez toi maintenant.

TU NE GAGNES PAS LE DROIT DE MANGER EN TE RESTREIGNANT.

Tu ne gagnes pas le droit de manger
en faisant du sport.
Tu ne gagnes pas le droit de manger
en perdant du poids.

Tu ne gagnes pas de droit,
parce que manger est un besoin.

Et tu mérites de manger
depuis la seconde où
tu es arrivé·e sur cette Terre.

Juste parce que tu existes.

TU EN AS DÉJÀ TRAVERSÉ DES JOURNÉES DIFFICILES.

Tu en as déjà surmonté des épreuves compliquées.

Tu as déjà survécu à des choses
auxquelles tu étais persuadé·e que tu n'en sortirais pas.

Tout ça,
ça prouve que tu vas de nouveau
surmonter cette maladie,
et tous les obstacles que
la vie mettra sur ton chemin.

LA GUÉRISON NE SE RÉSUME PAS À AVOIR UN POIDS STABLE ET UNE RELATION SAINE À LA NOURRITURE

Ça fait partie du processus,
mais ce sont seulement des petites étapes.

La guérison, c'est aussi et surtout apprendre à te découvrir.
C'est apprendre à connaître qui tu es TOI,
indépendamment de la maladie.

C'est apprendre à savoir ce que tu veux aujourd'hui,
dans ton présent, indépendamment de ton passé.
C'est apprendre à savoir comment TOI, tu te définis,
indépendamment des étiquettes qu'on a pu te coller.

C'est apprendre à prendre soin de toi.

C'est comprendre que tu as une valeur inestimable.

C'est comprendre que le plus beau dans tout ça,
c'est que tu es TOI.

Tu n'as pas besoin de changer
Ton apparence pour commencer à vivre.

Vis maintenant.

Ta vie ne commence pas dans 5, 10, 15... kilos de moins.
Ta vie, c'est maintenant.

Une vie suffit si tu la vis à fond.
Alors est-ce que tu la vis réellement à fond là ?

Tu n'as pas besoin de chercher à entrer dans les cases
définies par la société pour te sentir légitime à vivre.
Tu peux et tu dois vivre pleinement dès maintenant.

Ce qui compte, c'est toi.
C'est ta personne, tes valeurs,
tes qualités, tes capacités...
Et tout ce qui fait que tu es TOI.

C'est ça ta force :
C'est que personne d'autre que toi n'est toi.

C'est ça qui compte réellement :
La vie, c'est des rencontres, des échanges, des
connexions, des challenges, des émotions,
des voyages, des sourires, des câlins, de l'amour,
des regards réconfortants...

C'est un peu tout ça à la fois.
Mais tu peux profiter de tout ça dès maintenant,
sans chercher à changer ton corps.

let's go

CONTINUE DE TE BATTRE.

PEU IMPORTE À QUEL POINT
TU AS L'IMPRESSION D'ÊTRE
BLOQUÉ·E DANS LA MALADIE.
PEU IMPORTE À QUEL POINT
TU TE SENS MAL
CES DERNIERS TEMPS.
PEU IMPORTE LE NOMBRE DE JOURS
QUE LA MALADIE T'A DÉJÀ VOLÉ.
PEU IMPORTE LE NOMBRE DE FOIS
OÙ TU AS PLEURÉ.
PEU IMPORTE À QUEL POINT
TU TE SENS DÉPOURVU·E DE FORCE.

CONTINUE DE TE BATTRE.

Manger moins ne fait pas de toi
une meilleure personne,
plus forte, plus intelligente,
plus belle, plus légitime,
qui mérite plus d'amour.

Manger moins te donne moins d'énergie
qui t'aurait permis de démontrer
que tu es déjà toutes ces choses-là.

Manger moins va aussi renforcer
ton obsession autour de la nourriture,
de ton corps.

Manger moins va aussi
te faire perdre le contrôle.

Parce que non, tu ne contrôles rien,
même si ton trouble alimentaire
te persuade de l'inverse.

La restriction n'est jamais la bonne solution.

LA RESTRICTION NE DOIT JAMAIS ÊTRE UNE OPTION.

CE QUE TU AS MANGÉ AUJOURD'HUI,
LE POIDS QUE TU FAIS,
QUE TU SOIS HABILLÉ·E EN TENUE
APPRÊTÉE OU EN JOGGING,
LA TAILLE DE TON PANTALON,
QUE TU SORTES MAQUILLÉE OU SANS MAQUILLAGE,
QUE TU AIES DE L'ACNÉ OU NON,
QUE TU AIES FAIT DU SPORT OU NON,
QUE TU AIES DE BONS OU
MAUVAIS RÉSULTATS SCOLAIRES,
TON NOMBRE D'ABONNÉES SUR LES RÉSEAUX SOCIAUX,
LE NOMBRE DE LIKES, DE COMMENTAIRES...

ET MÊME UN COMMENTAIRE NÉGATIF
DE QUELQU'UN SUR TON APPARENCE,

TOUT ÇA...
ÇA NE DÉFINIT PAS TA VALEUR.

TON TROUBLE ALIMENTAIRE TE PERSUADE QUE TU DOIS ÊTRE LA PERSONNE QUI MANGE LE MOINS POSSIBLE AUTOUR DE LA TABLE.

Pourtant, tu as besoin d'énormément d'énergie.
Même si tu as déjà repris du poids.

Il y a une différence entre ce que tu penses que ton corps a besoin,
et ce dont ton corps a réellement besoin.

Tu as besoin d'énergie pour ta journée.
Mais tu as aussi besoin d'énergie pour réparer les dommages causés
par ton trouble alimentaire sur ton corps.

Et peu importe si selon TOI, tu vas mieux.
Si ton corps te réclame à manger,
c'est qu'il en a besoin.

Rien que pour aider ton cerveau à lutter
contre les pensées du trouble alimentaire,
tu as besoin d'énormément d'énergie.

Tes repas font partie de ton ordonnance.
Tu ne peux pas imposer à tes proches de
suivre une ordonnance pour une maladie qu'ils n'ont pas.

C'est difficile...
Ça te terrifie de manger plus que les autres.
Surtout que ton trouble alimentaire minimise
constamment la gravité de la maladie.

Mais ne fais pas confiance à quelque chose qui t'éloigne de la vie.

Fais confiance à ton corps.

Tu es légitime de manger plus que les autres.
Tu en as besoin pour ta vie.

AVOIR FAIM N'EST PAS
QUELQUE CHOSE DE NÉGATIF.

LA FAIM N'EST PAS UN
RESSENTI DONT TU
DOIS AVOIR HONTE.

LA FAIM, C'EST UNE RÉPONSE
NORMALE DE TON CORPS
TE SIGNALANT QU'IL
A BESOIN D'ÉNERGIE.

SOUVIENS-TOI
QU'UNE PERSONNE QUI A
UN CORPS PLUS MINCE
QUE TOI N'EST
PAS NÉCESSAIREMENT
EN MEILLEURE SANTÉ
QUE TOI, ET N'EST
CERTAINEMENT PAS
MIEUX QUE TOI.

N'oublie pas que tu es humain.

Toi aussi tu peux échouer.

Même quand tu as tout bien fait,
quand tu as fait tout dans « les règles ».
Parfois toi aussi, tu peux échouer, comme tout le monde.
Ça n'arrive pas qu'aux autres.

Tu n'es pas invincible.
Toi aussi, tu peux tomber.
Mais c'est pour mieux te relever.

Ne te sens pas condamnée à la victoire ou à l'échec.
L'entre deux existe aussi.
Apprécie les demi-succès.
N'utilise pas tes échecs comme
confirmation de tes croyances erronées.
Tu n'as pas d'incapacités,
tu n'as que des choses à apprendre.

Utilise tes échecs comme information,
sur toi, sur la vie, comme une preuve
qui te permettra de grandir.

Accorde-toi d'être vulnérable.
Accepte tes limites, tes failles.

Ne force pas la nature en essayant
d'entrer dans un moule trop grand ou trop petit.
Accepte les choses telles qu'elles viennent à toi.

Fais confiance à la vie.
Si ça se présente ainsi, c'est que tu es assez armé·e pour y faire face.

Les plus grands combats sont réservés aux meilleurs guerriers.

Ta situation actuelle
n'est pas ta
destination finale.

Tu ne seras
pas malade
toute
ta vie.

ce n'est
qu'un
chapitre
de ta vie

C'est une période
temporaire.

TU AS BESOIN DE MANGER.
TOUT LE MONDE A BESOIN DE MANGER.

Depuis des millénaires.

Depuis qu'un premier être vivant
est arrivé sur cette Terre.

Quand tu manges, tu n'es pas moins fort·e.
Tu n'as pas moins de discipline,
moins de contrôle sur toi.
En réalité, c'est justement manger
qui te donne plus d'énergie, plus de force.

Quand tu manges, tu ne diminues pas
ta légitimité à demander de l'aide.
Tu mérites tout autant d'aide lorsque tu ne te restreins pas.

Manger est nécessaire.
Tu ne dois pas manger uniquement pour guérir.
Tu dois manger pour vivre.
Tu dois manger pour faire toutes ces choses que tu as en tête.
Tu dois manger pour être pleinement présent·e
avec toutes ces personnes que tu aimes.

Si tu luttes contre la nourriture,
Tu luttes contre ce qui te permet de vivre.
Ne lutte pas contre la vie.
Accorde-toi le droit de vivre.

Tu n'as pas besoin de ressembler
aux stéréotypes que tu vois à la TV.
Tu n'as pas besoin de rencontrer les
difficultés qu'ils s'attendent
à ce que tu rencontres.
Tu n'as pas besoin de
prouver que ce que
tu ressens est terriblement
douloureux, effrayant.

Tu n'as pas besoin d'avoir l'air malade
pour être malade.

TU ES DEJA ASSEZ MALADE.

L'envie d'être encore plus malade,
le besoin de prouver que tu es malade...
Ce sont déjà des indicateurs qui
prouvent que tu es assez malade.
Une personne qui n'est pas malade
ne désire pas être « plus malade ».

AU LIEU DE TE DEMANDER
SI TU ES « ASSEZ MALADE »,

DEMANDE-TOI SI TU N'EN AS
PAS ASSEZ D'ÊTRE MALADE ?

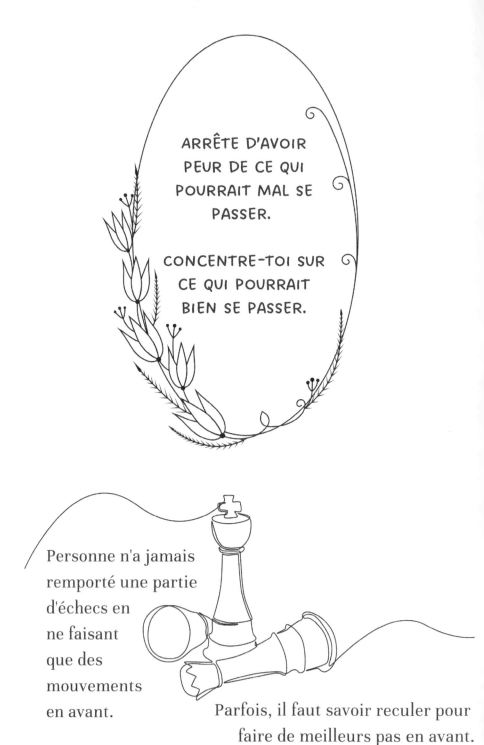

ARRÊTE D'AVOIR PEUR DE CE QUI POURRAIT MAL SE PASSER.

CONCENTRE-TOI SUR CE QUI POURRAIT BIEN SE PASSER.

Personne n'a jamais remporté une partie d'échecs en ne faisant que des mouvements en avant.

Parfois, il faut savoir reculer pour faire de meilleurs pas en avant.

La vie est trop courte
pour te demander si
oui ou non
ton gâteau d'anniversaire
va te faire prendre du poids.

Concentre-toi sur le vœu
que tu feras en
soufflant tes bougies,
pas sur le nombre de calories.

CE N'EST PAS PARCE QUE TES PROCHES MINIMISENT TON TROUBLE ALIMENTAIRE QUE CE N'EST PAS GRAVE.

Ce n'est pas parce que tes proches te disent que tu n'as pas de raison de te plaindre, que tu ne souffres pas.
Ce n'est pas parce que tes proches disent aux autres que tout va bien, que tu dois te forcer à aller bien.
Ce n'est pas parce que tes proches ne comprennent pas ton trouble alimentaire, qu'il n'est pas valide.
Ce n'est pas parce que tes proches pensent que c'est dans ta tête, que tu inventes ton trouble alimentaire.
Ce n'est pas parce que tes proches pensent que tu dois t'en sortir seul·e, que tu n'as pas le droit de demander de l'aide.
Ce n'est pas parce que tes proches te culpabilisent pour les actions de ton trouble alimentaire, que tu dois culpabiliser.

C'est difficile, mais il faut savoir prendre du recul par rapport à ça.

Que ce soit tes amis, tes parents, ta sœur, ton frère...

Parfois, ils ne sont juste pas prêts à voir la réalité en face.
Parfois, ils ne sont pas "armés" pour comprendre à quel point ton trouble alimentaire est grave et à quel point tu as besoin d'aide.

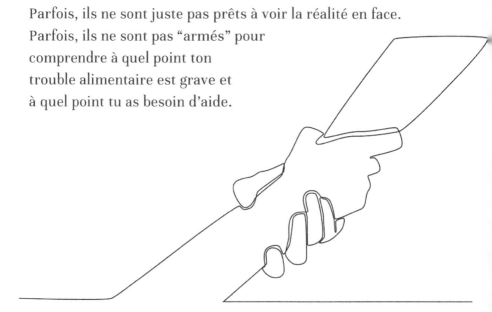

C'est difficile,
car on devrait trouver en ses proches
un soutien incontestable.

Mais ce n'est malheureusement pas toujours le cas...

Alors, n'attends pas que tes proches
valident ton trouble alimentaire,
souligne son importance et sa gravité
pour demander de l'aide,
pour choisir de te battre.

Tu sais, au fond de toi,
ce qu'il en est avec ton trouble alimentaire :
Tu sais que la souffrance que tu vis,
le combat que tu mènes...
Que tout ça, c'est difficile à vivre.

Ne laisse pas les autres
te faire croire que
ce n'est pas "si grave",
que c'est dans ta tête
ou qu'il y a bien pire que toi.

Tu es importante.
Tu mérites de guérir.
Tu mérites de vivre.

*Les moments où la guérison
te semble trop difficile sont souvent
ceux où tu fais le plus de progrès.*

C'est la preuve que tu sors de ta zone de confort.
Tu défies activement les démons
intérieurs de ta maladie.

Rester dans les habitudes du trouble alimentaire
ne t'ouvrira pas de nouvelles portes.

Continue de sortir de ta zone de confort.
Même si la voix de ton trouble alimentaire
te crie le contraire.
Même s'il te fait croire que tu n'es pas digne,
que tu n'en as pas le droit.

Si ton trouble alimentaire hurle dans ta tête,
c'est qu'il se sent en danger de disparaître.

Et c'est comme ça que tu le feras sortir
de ta tête pour de bon !

PEU IMPORTE CE QUE TU AS MANGÉ HIER, TU AS TOUJOURS BESOIN DE MANGER AUJOURD'HUI.

Ce que tu as mangé hier
n'a plus d'importance aujourd'hui.

Ça appartient au passé.
Tu ne peux plus rien y changer.

Ce que tu mangeras demain importe peu.
C'est du futur, tu verras en temps voulu.

Ce qui compte, c'est maintenant : le présent.

C'est la seule chose que tu détiennes,
ici et maintenant.
Peu importe ton hier et ton demain,
tu as toujours besoin de manger.

Ne laisse pas ton « hier » prendre
trop de place sur ton « aujourd'hui ».

RAPPELLE-TOI QUE C'EST NORMAL DE RESSENTIR TOUT ÇA.

C'est normal de te sentir mal à l'aise pendant la guérison.
C'est normal de compter parfois
plus de jours négatifs que de jours positifs.
C'est normal de demander de l'aide.
Ça ne fait pas de toi quelqu'un de faible, vulnérable.
En réalité, il faut plus de force pour accepter
de demander de l'aide que pour se renfermer sur soi-même.

Tu as déjà traversé tellement d'épreuves.
Tu n'as pas fait tout ça pour abandonner maintenant.

Ce mal-être que tu ressens maintenant, c'est temporaire.
Je ne te promets pas que tout sera parfait, sans aucun problème.

Mais un jour, tu iras bien mieux.

Tu vivras une vie qui te
correspond enfin.
Une vie où tu es
libre d'être toi.
Une vie où l'origine
de tes choix,
de tes actions,
de tes pensées...

Ce sera toi.
Pas ton trouble
alimentaire.

Bats-toi pour ce jour-là.
Bats-toi pour cette vie.
Bats-toi pour TOI.

CE N'EST PAS PARCE QUE TON CORPS N'EST PLUS
AUSSI MINCE QU'IL L'ÉTAIT PAR LE PASSÉ
QU'IL N'EST PLUS VALIDE AUJOURD'HUI.

Ton corps n'est pas supposé rester fixe toute sa vie.

Il évolue, parce que le temps passe.

Tu traverses des épreuves,
et ton corps en garde des traces.

C'est NORMAL.

Ne laisse pas la société te faire croire
que tu dois absolument tout faire
pour contrôler ton corps,
au détriment de ta santé.

CHOISIS TOUJOURS
LE CHOIX QUI
T'EFFRAIE LE PLUS,
CAR C'EST
CE CHOIX-LÀ
QUI T'AIDERA
LE PLUS
À GRANDIR.

LA CULPABILITÉ ET LE STRESS
CAUSERONT PLUS DE DOMMAGE
SUR TON CORPS QUE CE
GÂTEAU AU CHOCOLAT.

Ces invitations au restaurant que tu as accepté ?
Ces chocolats qu'on t'a offerts et auxquels tu n'as pas su dire non ?
D'avoir mangé plus de calories que tu t'étais imposé·e ?
D'avoir raté ces séances de sport ?
De ne pas avoir atteint cet objectif inatteignable de poids ?

Ou

De ne pas avoir donné suffisamment d'énergie à ton corps pour lui
permettre de t'aider à réaliser ses rêves que tu avais ?
De t'être éloigné·e de tes proches pour prioriser
tes objectifs alimentaires et corporels ?
D'avoir focalisé ton attention sur la restriction
de tout plaisir plutôt que de les vivre à fond ?
D'avoir passé ta vie à penser à ce que tu pourrais manger
ou ne pas manger pour modeler ton corps au moule de la société ?
D'avoir vécu une vie où tu étais tellement obsédé·e
par les chiffres que tu en as oublié de vivre ?
D'être resté·e dans une zone de confort qui t'a tué à petit feu
parce que tu avais peur de faire un pas en dehors ?

Tu n'es pas en train de vivre une vie d'échauffement.
C'est ta vraie vie celle-ci.
Tu n'en auras pas d'autres.
Souviens-toi de la vivre à fond.
Demande-toi ce dont tu as réellement besoin pour la vivre pleinement.

Vis maintenant ce dont tu as envie de te souvenir
lorsque tu seras à quelques pas de la fin.

Si ton trouble alimentaire pense que c'est une
bonne idée, alors c'est une mauvaise idée.

Si tu as la sensation de bien faire,
c'est que tu restes dans la zone
de confort de la maladie.
Donc quand tu as la sensation de mal faire,
c'est que tu fais bien.

Tu as la sensation de mal faire après avoir mangé,
tu culpabilises ?
Mais manger est un besoin primaire.
Tu ne fais rien de mal à répondre aux
besoins de ton corps.

Tu as la sensation de mal faire
quand tu ne fais pas d'activité physique,
tu culpabilises de ne pas bouger ?
Mais le repos est aussi un besoin primaire.
Tu ne fais rien de mal à écouter
les sensations de ton corps.

La logique serait de culpabiliser
quand tu ne manges pas assez,
quand tu t'imposes de bouger
alors que ton corps t'envoie des signes de fatigue.

Ton trouble alimentaire n'est pas logique.

Ne te fie pas à ce qu'il te dit.

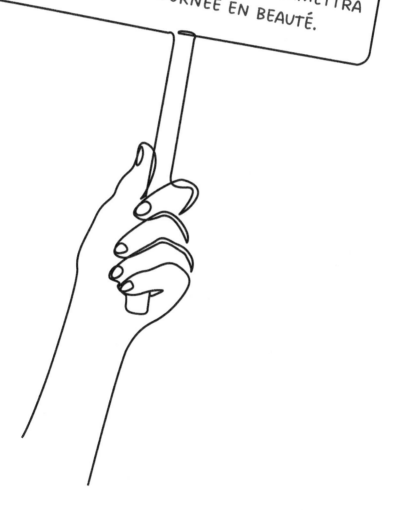

SAUTER TON PETIT-DÉJEUNER NE
CONSTITUE PAS UN EXPLOIT.
NE PAS MANGER CE MIDI
NE RÉSOUDRA RIEN.
TE RESTEINDRE JUSQU'À CE SOIR
NE FAIT PAS DE TOI QUELQU'UN
QUI A DE LA VOLONTÉ.
CONTRÔLER TON DÎNER NE TE PERMETTRA
PAS DE FINIR LA JOURNÉE EN BEAUTÉ.

TU N'AS PAS BESOIN DE TOUT RÉSOUDRE AUJOURD'HUI.

Tu n'as pas besoin que tout soit réglé ce soir,
ce mois-ci, ni même cette année.

Tu dois te concentrer sur la prochaine
petite étape qui se présente à toi.

Et tu dois te rappeler que
peu importe à quel point
l'obscurité est sombre,
tu finiras par
trouver la lumière.

Tu dois te faire confiance.

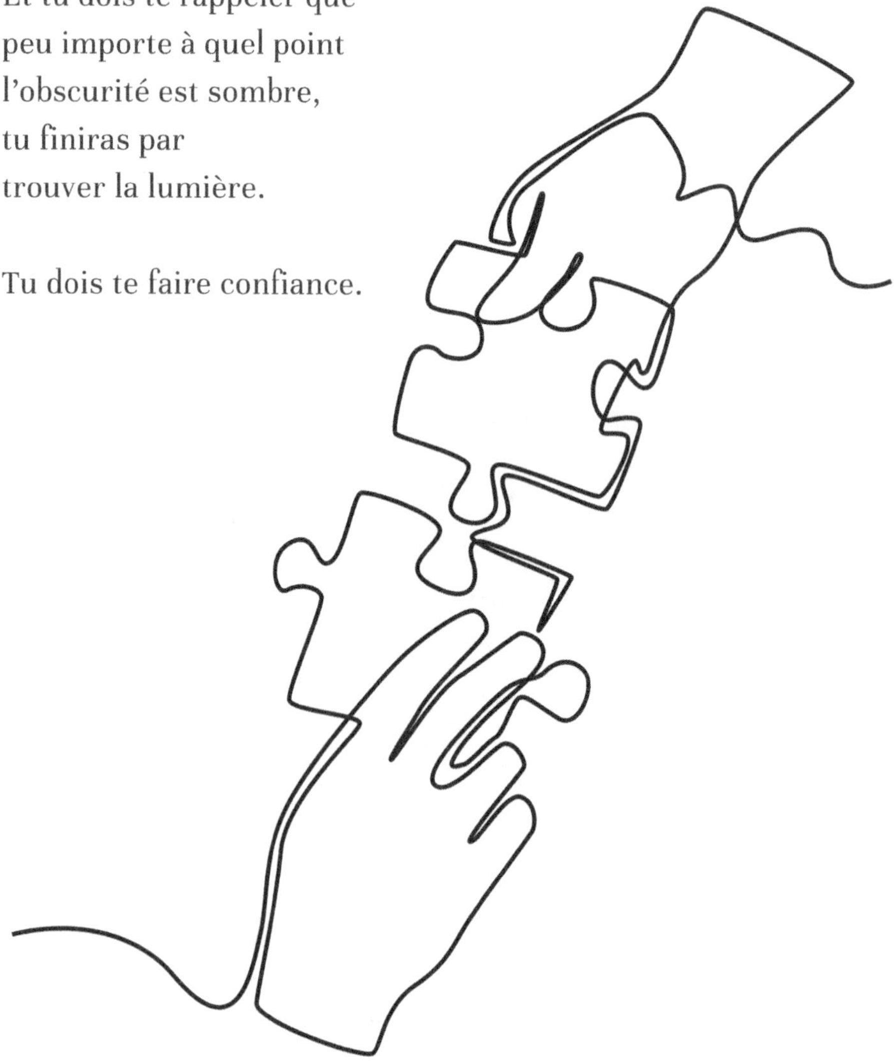

Non, toi, tu n'as pas le droit au plaisir.
Non, toi, tu n'as pas le droit au bonheur.
Non, toi, tu n'as pas le droit d'aller mieux.
Non, toi, tu n'as pas le droit de
répondre à tes besoins primaires.
Non, toi, tu n'as pas
le droit de guérir.

Non, toi, tu n'as pas
le droit de vivre.

Tu dirais ça à quelqu'un
que tu aimes ?
Tu lui dirais ne serait-ce
qu'une seule de ces phrases ?

Évidemment que non.

C'est la preuve que tu ne peux pas écouter ce
que ton trouble alimentaire te dit de faire.
Tu n'es pas l'exception pour qui
ces règles strictes s'appliquent réellement.

Accorde-toi le droit de guérir.
Accorde-toi le droit au bonheur.

Accorde-toi le droit de vivre, pour de vrai.

CONCENTRE-TOI SUR **TON** ASSIETTE

C'est TON assiette qui importe vraiment dans ta guérison.

Ce n'est pas parce que les autres vont manger
moins que toi que tu vas moins bien guérir.
Ce n'est pas parce que les autres vont manger
plus que toi que tu vas mieux guérir.

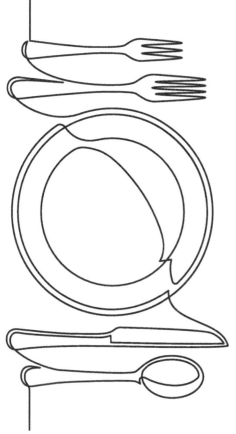

C'est faux.
C'est ton trouble alimentaire
qui te dit ça.

Tu es rassuré·e si les autres
mangent plus que toi.

Ce n'est absolument pas sain.
C'est même malsain.
C'est maladif.

Mais non,
tes proches ne font pas exprès
de manger moins pour
te mettre des bâtons
dans les roues.

Le problème, ce n'était pas eux.
Le problème,
c'est ton trouble alimentaire.

Souviens-toi que quand c'est difficile,
c'est que tu vas à l'encontre de la maladie.

Tu as l'impression que tu vas en crever.
Mais tu es justement en train de lutter
contre ce qui est en train de te tuer.

CHOISIR DE TE BATTRE CONTRE TON TROUBLE ALIMENTAIRE, C'EST CHOISIR **LA VIE**.

Pas juste survivre.

Pas vivre à moitié,
mais vivre pleinement.

Tu mérites d'être pleinement toi.

Tu mérites le bonheur.
Pas la version de ton trouble alimentaire.

Tu mérites de dire « je l'ai fait » :
Pas quand tu auras obéi à la voix
de ton trouble alimentaire.

Mais quand tu auras vaincu cette foutue maladie !

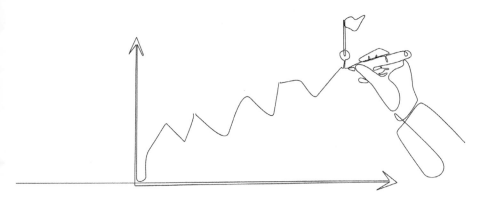

La guérison, c'est des tout petits pas.

Parfois tellement petits
que tu n'as pas la sensation
que ça t'aide.

Pourtant mis bout à bout,
c'est ça qui te mène vers
la guérison.

Ne sous-estime jamais la puissance
des petits pas.

À trop vouloir t'en demander,
tu vas t'épuiser.

C'est normal d'aller de l'avant.

C'est normal de ne plus avoir besoin des mécanismes destructeurs que tu utilisais tant avant.

C'est normal de vivre à nouveau.
C'est normal si tes proches sont moins inquiets pour toi.
C'est normal si tu te sens moins malade qu'avant.

Tu n'as pas besoin de prouver à quel point
tu as souffert en retournant dans les
comportements de ton trouble alimentaire.
Tu n'as pas besoin de prouver quoi que
ce soit à qui que ce soit.

Ce n'est pas parce que tu as surmonté
ton trouble alimentaire que ça t'enlève
le mérite du combat que tu as mené.
Guérir ne veut pas dire que tu n'as pas souffert.
Guérir ne veut pas dire que tes expériences
passées sont moins réelles.

Guérir, ça veut dire que tu vas de l'avant, malgré la
souffrance que tu as pu ressentir par le passé.
Les gens n'ont pas besoin de t'avoir vu dans
ton état le plus grave pour réaliser à quel point tu es
courageux·se, à quel point tu reviens de loin.

Ce n'est pas dans ton passé que tu étais fort·e.
C'est toi, ta personne, qui tu es.
Cette force ne te quittera jamais.
Tu l'as en toi, elle fait partie de toi.

TU TE SENS ILLÉGITIME ? TU AS TOUJOURS BESOIN DE MANGER.
TU N'AS PAS BOUGÉ AUJOURD'HUI ? TU AS TOUJOURS BESOIN DE MANGER.
TU AS REPRIS DU POIDS ? TU AS TOUJOURS BESOIN DE MANGER.
TU AS FAIT UNE COMPULSION ? TU AS TOUJOURS BESOIN DE MANGER.
TU AS UN RESTO DE PRÉVU ? TU AS TOUJOURS BESOIN DE MANGER.

TON CORPS A TOUJOURS BESOIN D'ÉNERGIE.

INCONDITIONNELLEMENT.

PEU IMPORTE CE QUE TON TROUBLE ALIMENTAIRE TE DIT.

CE N'EST PAS MAL
NI ÉGOÏSTE DE VOULOIR
L'ATTENTION ET L'AMOUR
DES AUTRES LORSQUE
TU TE SENS MALADE,
QUE TU NE VAS PAS BIEN.

Oui, tu as besoin des autres pour te remonter.
Oui tu as besoin de preuves d'amour pour te soutenir.

C'est normal.
Ça ne veut pas dire que tu es un boulet, un fardeau.

Avoir besoin des autres n'est pas une faute.
C'est juste normal.

L'homme a toujours vécu en communauté,
ce n'est pas pour se renfermer seul dans son coin.

N'aie pas honte de demander de l'aide.

Ça ne fait pas de toi une personne faible.
Ça fait de toi une personne forte,
capable de montrer sa vulnérabilité aux autres.

Les fleurs ne fleurissent
pas d'elles-mêmes.
Elles ont besoin
de soleil,
mais aussi de pluie.

TA CAPACITÉ À TE RESTREINDRE
N'EST PAS UN INDICATEUR DE FORCE.

La vraie force,
c'est de répondre aux besoins
de ton corps avec les aliments nécessaires pour lui.

Peu importe ce que te dit
la voix de ton trouble alimentaire.

Être fort·e, c'est la capacité de choisir la guérison.
C'est faire le choix contraire à ce
que ton trouble alimentaire te demande.

Et ce, tous les jours.
Même, plusieurs fois par jour.

Te battre contre ton trouble alimentaire
te demande beaucoup plus de force que te
restreindre à moins de x calories par jour.

La bonne nouvelle, c'est que cette force,
tu l'as au fond de toi.

Tu es bien plus fort·e que tu ne le crois.

ON N'A QU'UNE SEULE VIE.

MAIS UNE SEULE SUFFIT,
SI TU LA VIS À FOND...

EST-CE QUE TON
TROUBLE ALIMENTAIRE
TE PERMET DE
LA VIVRE À FOND ?

TU N'ES PAS COINCÉ·E, EMPRISONNÉ·E.

Tu es juste pris·e dans des mécanismes
qui t'ont aidé par le passé.

Maintenant, ces mécanismes sont
plus destructeurs qu'aidants pour toi.

Essaie de comprendre pourquoi ça t'a aidé.

Et surtout,
trouve de nouveaux mécanismes
bienveillants pour toi.

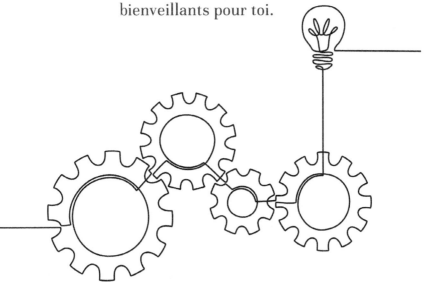

Tu ne mérites pas de souffrir comme ça.

Personne ne mérite ça.

SI LE POIDS QUE TU VEUX FAIRE OU QUE TU FAIS TE DEMANDE DE TE RESTREINDRE, DE FAIRE DE L'HYPERACTIVITÉ PHYSIQUE OU T'AMÈNE UNE QUANTITÉ DE STRESS POUR L'ATTEINDRE...
ALORS CE N'EST PAS UN POIDS SAIN POUR TOI.

Quelques derniers mots

AVANT DE SE QUITTER

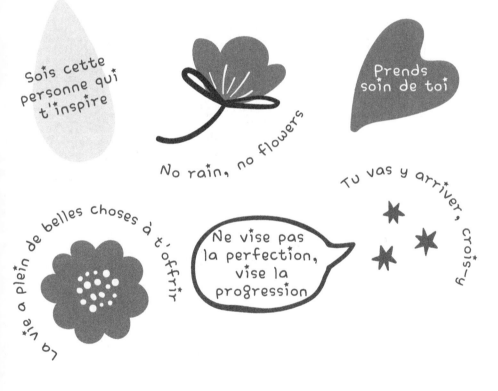

Sois cette personne qui t'inspire

No rain, no flowers

Prends soin de toi

La vie a plein de belles choses à t'offrir

Ne vise pas la perfection, vise la progression

Tu vas y arriver, crois-y

hey you !

Je suis indépendante.
J'écris, je design, je conçois et je publie
moi-même tous mes livres.
Pour m'aider à faire connaître mes différents livres, je t'invite
à laisser un commentaire sur la fiche de ce livre.

Ton avis compte réellement. Et je lis tous mes commentaires :)

UN GRAND MERCI !

♥

dans la même collection

SELF-CARE PLANNER JOURNAL POUR TA SANTÉ MENTALE

26 EXERCICES POUR SURMONTER SON ANXIÉTÉ

SURMONTER ANXIÉTÉ & PEURS DE TON TROUBLE ALIMENTAIRE

Printed in France by Amazon
Brétigny-sur-Orge, FR